AF503152

NOUVEAU MANUEL

ILLUSTRÉ

DU JEU DES ÉCHECS

LOIS ET PRINCIPES

CLASSIFICATION DES DÉBUTS, PARTIES MODÈLES

FINS DE PARTIES, ETC.

ÉTUDES ET OBSERVATIONS NOUVELLES

Par J. A. DE R.

PRÉCÉDÉ D'UNE INTRODUCTION HISTORIQUE

D'APRÈS LE PROFESSEUR

DUNCAN FORBES

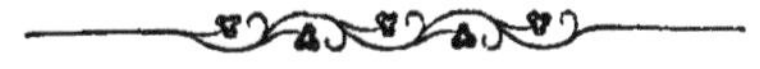

PARIS

PASSARD, LIBRAIRE-ÉDITEUR

7, Rue des Grands-Augustins

Et au Café de la Régence, 161, rue Saint-Honoré.

NOUVEAU MANUEL

ILLUSTRÉ

DU JEU DES ÉCHECS

Paris. — Imprimerie de DUBUISSON et Cᵉ, rue Coq-Héron, 5.

ORIGINES

DU

JEU DES ÉCHECS

D'APRÈS

Le professeur DUNCAN FORBES

INTRODUCTION.

Il a été très finement observé par feu l'enseigne O'Doherty, dans sa 98e maxime, que « la raison pour laquelle bien des questions importantes restaient enveloppées de doute et d'obscurité est que personne n'a adopté les moyens propres à les éclairer. Cette judicieuse remarque d'un philosophe porte-étendard me semble parfaitement applicable à l'état présent de nos connaissances sur l'origine et les progrès du jeu d'Échecs. Les auteurs modernes qui se sont occupés de cette question, à quelques exceptions près, ont simplement reproduit les puériles légendes qui nous viennent de Carréra, Ruy-Lopez et Salvio, hommes du premier mérite, si on les considère comme joueurs d'Échecs, mais assez ignorants en fait d'histoire et d'antiquité. Depuis le temps de ces premières lumières du Midi, deux de nos meilleurs orientalistes, Dr Hyde et sir William Jones, tous deux d'Oxford, arrivèrent à conclure que les Échecs avaient été inventés dans l'Inde, et de là introduits en Perse et dans d'autres régions asiatiques, au vie siècle de l'ère chrétienne. Cette opinion a été admise, uniquement à cause de sa valeur intrinsèque, par M. Francis Douce et sir Frédéric Madden, dans leur communication plus récente sur ce sujet aux Actes de la Société archéologique. »

Dans ces notes, j'ai le dessein de suivre jusqu'au bout la voie tracée par les orientalistes d'Oxford. J'ai eu la bonne fortune de posséder des sources d'information qui étaient, ou inaccessibles à mes prédécesseurs, ou imparfaitement connues d'eux. Je crois pouvoir établir clairement que le jeu a pris naissance dans l'Inde et nulle part ailleurs. Je n'ai pas la prétention de dire que je puisse préciser rien quant au temps et au lieu de l'invention, mais ceci n'est aucunement nécessaire pour notre recherche. Par le fait, une quantité des plus nobles découvertes, même de date comparativement récente, sont encore environnées d'ombre. Nous ne savons pas d'une manière parfaite qui, le premier, a fait l'application de l'aiguille aimantée, et a ainsi donné un guide à l'aventureux marin pour traverser la surface agitée du puissant abîme. L'art d'imprimer avec des caractères mobiles , — un art par lequel les secrets du passé le plus reculé sont transmis à la postérité la plus lointaine, — date tout au plus de quatre siècles; cependant on est encore incertain sur la question de savoir dans quel temps, dans quel lieu et par qui a été faite cette sublime découverte. Toutefois, nous pouvons dire sans crainte que cet art a pris naissance près des rives rhénanes, soit à Strasbourg, soit à Maintz, ou même plus bas; car c'est un fait connu que Harlem aussi peut revendiquer à bon droit l'honneur de cette invention. D'autre part, si quelqu'un se permettait d'affirmer, comme on l'a fait pour les Échecs, que l'impression a pris naissance parmi les pasteurs Scythes ou chez les Arabes du désert, cette assertion serait repoussée par tout homme de sens. Dans le premier cas , nous avons pleine évidence historique pour nous appuyer; dans le dernier, nous n'en avons pas, et, par conséquent, nous rejetterions le tout comme une simple conjecture.

Précisément de même, il est évident pour nous, par l'histoire indigène et étrangère , que les échecs ont été inventés dans l'Inde; mais nous ne possédons pas un seul document authentique qui prouve que ce jeu ait été ou inventé ou connu dans aucun autre pays précédemment. On peut se demander alors comment il se fait que tant d'auteurs ont attribué le mérite de l'invention à mille contrées. La réponse est simple : cela résulte d'une erreur radicale de jugement, et les causes d'une telle erreur méritent d'être signalées. D'abord les Grecs avaient un jeu grossier et primitif qui se jouait, à l'aide d'un échiquier, avec des petites pierres appelées *petteia* ou *pessoi*. Ces petteia ressemblent autant aux Échecs que l'ancien vaisseau Argo à ces magnifiques vapeurs à hélice qui plongent maintenant dans les eaux bleu foncé, au delà des Symplegades, à la hauteur des rivages de la Colchide. Ensuite, les Romains avaient deux jeux distincts, quelque chose de semblable au backgammon et aux dames, dérivés, à ce que l'on croit, des jeux grecs, et appelés communément *ludus latrunculorum* ou *ludus calculorum*, mais rien qui approche des Échecs. Pendant le moyen âge, quand le latin était la langue écrite de l'Europe, si un auteur avait à parler du jeu d'Échecs, pour s'éviter de la peine, il employait le terme impropre de *ludus latrunculorum*, tenant pour chose reçue que les Échecs et le jeu des Romains étaient identiques. Plus tard , quand les langues modernes d'Europe se furent formées davantage, et que l'on commença à faire des traductions des classiques pour l'usage de la masse, le *ludus latrunculorum* fut généralement traduit « le jeu des Échecs, » afin de lui donner le plus de dignité possible. Là, nous voyons les erreurs rejaillir l'une sur l'autre et se multiplier au delà des limites assignables; il faudrait, pour les réfuter, un temps considérable dépensé en pure perte.

En second lieu, une légion d'auteurs d'un honorable talent ont, chacun suivant leurs notions préconçues (fondées absolument sur *rien*), attribué la paternité des Échecs à différentes nations et tribus, qui elles-mêmes n'élevaient aucune prétention à cet égard. Par exemple, celui-ci écrit un in-4° pour prouver que les Échecs ont été inventés par les bergers de Scythie. A quelle époque? Puis, un jour ou l'autre, cette découverte fut communiquée à Palamède pendant le siége de Troie, et celui-ci usurpa impunément l'honneur de l'invention. Tout cela est véritable hallucination. Et qui étaient ces bergers scythes? C'étaient les pères des sauvages Cosaques!! Si au moins l'auteur avait nommé les pâtres de Chaldée, il y aurait eu un peu moins d'absurdité dans son dire; mais les bergers scythes, ceci est par trop ridicule! Un autre auteur sur les Échecs prétend que les Échecs ont été inventés, soit à Babylone, soit à Palmyre; j'oublie lequel, et sa raison c'est « la grande puissance de la Dame dans le jeu. » Celui-là est le plus grand rêveur de la bande! Il ignorait évidemment que le mot Reine était inconnu des joueurs orientaux. Et, quand même cette pièce eût été connue, elle était une des plus faibles sur l'échiquier, même en Europe, jusqu'au commencement du xvie siècle. Un autre veut que les Échecs aient été inventés par les Arabes, et que notre mot *échec* soit dérivé de l'arabe *sheikh*. Maintenant, il est acquis que jamais, jusqu'à ce jour, les Arabes ne se sont servis du mot sheikh. — Ils ont reçu le jeu des Persans, et ont retenu le mot original *shah*. Enfin, un autre écrivain, de plus d'autorité que tous les autres unis ensemble, s'efforce de conférer l'honneur aux Persans, honneur qui n'est revendiqué par aucun auteur de ce pays.

Je passe sur les prétentions des Irlandais, des Gallois et des Juifs.

Il est évident, d'après cela, que ces deux causes, auxquelles d'autres pourraient être ajoutées, tendent à rendre l'histoire des Échecs un inextricable labyrinthe. Un auteur ordinaire, qui a l'intention de donner un aperçu populaire sur le sujet, est obligé de produire le paragraphe stéréotypé ci-dessous, ou quelque chose d'analogue, pour commencer son discours :

« Quelques historiens ont attribué l'invention des Échecs au philosophe Xerxès; d'autres au prince grec Palamède; d'autres aux frères Lydo et Tyrrhène; d'autres encore aux Égyptiens. Les Chinois, les Hindous, les Persans, les Arabes, les Irlandais, les Gallois, les Araucaniens, les Juifs, les Scythes, et enfin Leurs belles Majestés Sémiramis et Zénobie, prétendent avoir des raisons préférables d'être considérés comme inventeurs du jeu d'Échecs. Mais le témoignage des écrivains, en général, ne prouve rien, sinon la grande antiquité du jeu. »

Mais si, au lieu de se répéter l'un l'autre, les écrivains avaient voulu réfléchir un moment à ce qu'ils disaient, ou plutôt copiaient, ils eussent promptement découvert qu'ils étaient loin de la vérité, faute d'avoir nettoyé le terrain. Je suppose charitablement que tel était leur désir. — Une rapide recherche de la vérité les convaincrait facilement que le « philosophe Xerxès » et les « frères Lydo et Tyrrhène » étaient, comme Mme Harris, des personnes d'une existence problématique, pur mythe de quelque joyeux moine du moyen âge, probablement évoqué par une de ces inspirations que peut produire une coupe de bon vin. Ils auraient compris aussi qu'il n'est pas du tout croyable que le prince grec Palamède, ni aucun autre prince ou paysan grec des temps anciens, ait rien connu des Échecs, et que ni les Égyptiens, ni les Perses, n'ont possédé ou revendiqué cette invention. En dernier lieu, ils trouveraient, avec très peu de réflexion, que l'antiquité présumée des Échecs parmi les Irlandais, les Gallois, les Juifs, les Cherokees et d'autres races aussi éclairées et aussi civilisées, n'est rien autre chose que conte de visionnaire.

Si nous interrogeons les faits avec calme, laissant de côté des préjugés et des partialités vides de sens, nous trouverons que l'histoire des Échecs se divise en trois périodes distinctes. La première est celle de l'ancien jeu des Hindous, appelé Chaturanga, dans lequel les coups et la puissance de toutes les pièces employées, sauf une exception, furent les mêmes que de nos jours. L'origine de ce jeu se perd dans la nuit des temps les plus reculés; mais il n'y a aucun doute, comme nous le montrerons, qu'il ait été inventé dans l'Inde. L'Échiquier consistait alors, comme maintenant, en 64 cases. Le jeu était joué par quatre personnes, chacune ayant un Roi, une Tour, un Cavalier et enfin un Fou (alors représenté par un navire), et, de plus, quatre Pions. Les deux joueurs face à face étaient alliés contre les deux autres, et les traits se décidaient en jetant un dé oblong à quatre côtés, sur lesquels étaient les nombres 2, 3, 4 et 5, le 2 et le 5 vis-à-vis l'un de l'autre, comme le 3 et le 4. La grande simplicité et l'imperfection de ce jeu fournit la meilleure preuve qu'on puisse donner du lieu de son origine. Sa durée peut avoir été de trois ou quatre mille années avant le vi⁰ siècle de notre ère.

La seconde période de l'histoire des Échecs occupe un millier d'années, qui commence au vi⁰ siècle de notre ère. Au commencement de cette période, les améliorations du jeu ont un caractère très marqué. L'Échiquier et la marche des pièces restent les mêmes, mais les deux forces alliées se sont réunies sur un seul côté de l'Échiquier, et les adversaires en ont fait autant. Alors un des Rois alliés devient une pièce secondaire dont le nom est Farzin ou Wazir, ce qui signifie conseiller ou ministre, avec une puissance réduite à la moitié de celle qu'il avait comme souverain indépendant. En même temps, la Tour est transportée au coin de l'Échiquier et le Fou placé où il est resté depuis. En dernier lieu, le dé est mis de côté, et tout le jeu se réduit à un pur exercice de pouvoir mental et d'intelligence.

La troisième période, la moderne, commence avec le xvi⁰ siècle. Le changement fait consiste ici d'abord dans l'extension de puissance donnée au Fou : on lui permet d'agir sur toute la longueur de la diagonale, au lieu de borner son action à chaque 3⁰ case, comme autrefois ; secondement, dans l'énorme pouvoir combiné de la Tour et du Fou donné à la Reine ; enfin, dans le droit qu'auront les Pions d'avancer, au gré du joueur, d'un pas ou de deux à leur premier coup. A ces améliorations, nous pouvons ajouter celle du roque, soit à la méthode italienne, soit d'après les règles de l'école anglo-française. Il est probable aussi que la postérité ajoutera quelques nouvelles modifications, par exemple en donnant encore à la Reine la marche du Cavalier. Ceci produira le même effet que nos inventions guerrières ; ce sera d'abréger le combat, résultat que l'on ne peut s'empêcher de désirer quelquefois.

LE CHATURANGA, JEU DES HINDOUS.

DIAGRAMME REPRÉSENTANT UN ANCIEN ÉCHIQUIER HINDOU.

Les pièces sont arrangées comme elles doivent être au commencement du jeu de Chaturanga, joué par quatre personnes.

L'Échiquier dont on se servait alors était simplement divisé par des lignes, en soixante-quatre cases. Au moyen âge, les Arabes commencèrent à colorier les cases, ce qui présente, dans la pratique, un grand avantage. — Les Fous représentent les anciens navires.

Noirs.

Jaunes.

Rouges.

Verts.

Ici, les verts et les noirs sont alliés contre les rouges et les jaunes. La Tour représente l'Éléphant, et le Fou, dans le coin, le Navire. Le Roi, la Tour, le Cavalier et les Pions, avaient alors exactement la même marche que de nos jours, excepté que le Pion ne pouvait faire qu'un pas en commençant. Les Fous se meuvent diagonalement à chaque 3e case, passant par dessus la case qui les avoisine, et sur laquelle ils n'ont pas d'action. Leur marche n'est nullement empêchée par une pièce située sur la case intermédiaire. Leur puissance est très limitée, car on verra qu'ils ne peuvent atteindre ou attaquer que sept cases sur l'Échiquier, outre celles qu'ils occupent. Telle fut cependant la seule puissance qu'eut le Fou en Asie et en Europe, jusqu'au commencement du xvie siècle. Il y a une légère exception dans le jeu des Birmans (Burmese). Une autre particularité qui concerne cette pièce est que pas un des quatre Fous, allié ou ennemi, ne peut attaquer aucune des cases sur lesquelles les trois autres ont la permission de se placer; là, nous comprenons clairement le sens d'un vers du poème latin donné par Hyde, extrait d'un manuscrit du xiie siècle, conservé dans les Boldeïan :

Firmum pactum Calvi tenent, neque sibi noceant.

C'est-à-dire : « Les Fous se tiennent serrés dans le même groupe et ne se nuisent pas mutuellement. »

(HYDE, *Syntagma dissertationum*, in-4º, p. 155.)

L'Échiquier et les pièces étant préparés, je supposerai que je m'adresse au joueur des verts, en vue de lui inculquer aussi simplement que possible les principes du jeu.

« Votre premier but est de faire parvenir vos deux Pions du centre à la dernière ligne de l'Échiquier, afin qu'ils puissent être promus au rang de Cavalier ou de Tour, ce qui doublera presque vos forces. Un autre objet d'une importance égale, sinon supérieure, est de diriger votre Roi, par une série de coups adroits, vers la case du Roi noir, votre digne allié. Si vous atteignez cette case avant que votre allié ait pu vous jouer le même tour, à vous le commandement des forces coalisées; votre allié s'incorpore à vous et, par suite, votre puissance s'accroît énormément, grâce à l'unité d'action qui prévaudra dans votre camp, un point capital dans l'art de faire la guerre. Il va de soi que vous devez saisir toute occasion de porter dommage à l'ennemi et de l'exterminer, et cela pour votre propre salut, si ce n'est pour celui de votre allié; car, ainsi que je l'ai mentionné déjà, l'alliance, dans ce cas, n'est pas entièrement dépouillée d'égoïsme. Ayant conquis le trône de votre allié et conséquemment le commandement de ses forces, le principal objet est alors de prendre les Rois ennemis, gagnant ainsi le Chaturaji ou, en d'autres termes, achevant de remporter la victoire. »

Voilà quels me paraissent être les principes généraux du jeu de Chaturanga ; mais, comme je l'ai déjà dit, il y a un grand nombre de règles moins importantes dont ne parle pas le texte, qui sont ouvertes aux simples conjectures. Mais je crois que si quatre joueurs d'Échecs intelligents voulaient prendre la peine de jouer de nouveau et d'étudier un petit nombre de ces anciennes parties, ils seraient bientôt en état d'établir des lois fixes pour tous les cas qui pourraient se présenter. Les points auxquels je fais allusion n'affectent pas du tout la nature du jeu, qui est simplement le jeu des Échecs dans sa plus vieille et plus grossière forme. Ce sont de purs détails dans lesquels le poète ancien (on croit que c'est Vyas lui-même) n'a pas cru qu'il fût de sa dignité d'entrer.

Changement graduel du Chaturanga en Shatranj.

Jeu du moyen âge.

Je demande à présent la permission de hasarder quelques conjectures sur la manière dont l'ancien Chaturanga est devenu graduellement le Shatranj ou jeu dit du moyen âge. Nous avons vu
qu'en jouant le premier c'était un point important pour chacun des
quatre joueurs de prendre possession du trône de son allié, par une
manœuvre dont la conséquence était de se donner le commandement entier des forces alliées. Il a dû arriver souvent qu'après vingt
ou trente coups, le combat se continuait entre deux seuls joueurs, et
cette circonstance est suffisante par elle-même pour avoir engendré
le jeu du moyen âge. Mais ce n'est pas tout : il est évident que le
Chaturanga était joué, et souvent, par une seule personne de chaque côté, depuis le commencement de la partie jusqu'à la fin.
Nous avons une preuve manifeste de ce fait dans l'exemple de
Yudhishthira, qui perdit toutes ses possessions dans un hasardeux
défi à ce jeu avec Shakuni. En outre, il est extrêmement probable,
pour des raisons qu'on va voir, que le jeu de Chaturanga était généralement joué ou par quatre personnes ou par deux, sans admettre
l'usage du dé, excepté seulement pour déterminer quel camp aurait le trait. Si nous étudions les principes du jeu et, autant que
nous en avons les moyens, la pratique elle-même, nous trouverons
que le dé ne constitue en aucune sorte un élément essentiel ; au
contraire, il est évident que, après avoir déterminé qui doit avoir
le trait, le dé peut être mis de côté, et le combat devient un simple
objet de tactique guerrière et d'habileté stratégique.

Nous avons d'excellentes raisons de croire que, de très bonne
heure, l'usage du dé doit avoir été abandonné ; autrement, le jeu
n'aurait pas pu être joué du tout, si ce n'est en cachette et par de
vrais joueurs de profession. Pour comprendre la validité de ces
raisons, examinons l'état des plus anciennes et des plus rigides lois
des Hindous, telles que celles de Thann, etc. La loi et la religion des
anciens Hindous prohibe strictement deux sortes de jeux : d'abord
l'espèce appelée *dyuta*, qui équivaut à nos jeux de chance ou de
hasard, comprenant le dé à lui seul, ou le dé combiné avec l'habileté, comme dans les anciens jeux de Chanpar et de Chaturanga.
L'autre classe de jeux, telle qu'elle est définie par Manu, était appelée *samahwaya*, et comprenait tous les matches entre animaux
mâles, tels que les combats de coqs, etc. Contre ces deux classes,
Manu est clair et explicite. Par exemple, dans son 9e chapitre, il
dit « que le roi punisse corporellement, à sa discrétion, à la fois le

joueur et le propriétaire de la maison de jeu, soit qu'ils jouent avec des choses inanimées (dyuta), soit avec des choses animées (samahwaya). »

La loi et la religion des Hindous étant claires et positives contre le jeu de Chaturanga, ainsi qu'il était joué par Yudhispathira, que pouvaient faire les contemplatifs et sédentaires brahmines? La réponse est évidente : Bannir le dé du jeu, et alors il n'est plus rangé dans la catégorie de dyuta, ou jeu de hasard. De plus, dans l'ère la plus pure de la religion hindoue, les brahmines n'avaient réellement aucun intérêt à jouer à des jeux de hasard, par une excellente raison, c'est qu'ils n'avaient aucune propriété à perdre et aucune tentation de pouvoir gagner les biens de ce monde. En conséquence, nous avons tout lieu de conclure que le jeu de Chaturanga était généralement joué parmi les stricts observateurs de la religion orthodoxe hindoue, par deux ou quatre personnes, suivant l'occurrence, sans le secours d'un dé, et que peu à peu ce jeu fut métamorphosé en la lutte encore plus intellectuelle du Shatranj, ou jeu du moyen âge. Il faut convenir cependant que les sévères et rigides lois de Manu furent considérablement relâchées dans les derniers temps, et que les deux sortes de jeux pouvaient être joués en tout temps avec licence spéciale du magistrat, à la condition que la moitié de l'enjeu serait remise à l'estimable magistrat en question (pour être employée, cela va sans dire, comme les bénéfices des indulgences en des temps plus modernes, à de pieuses entreprises), l'autre moitié entrait dans' la poche du gagnant. (Voir *Code des lois de Gentoo*, 8e édition, Londres, 1781, p. 254.) Ceci montre simplement que l'esprit humain a toujours été et sera toujours le même, soit qu'il s'agisse des habitants des bords du Gange ou de ceux du Rhin; car en tout lieu nous voyons que la rigueur des lois contre les jeux de hasard fléchit en présence de certaines considérations de poids.

Les historiens de l'Arabie et de la Perse sont unanimes sur les points suivants, savoir: 1o que les Échecs, tels qu'ils sont au moyen âge, ont été inventés dans l'Inde pendant ou avant le vie siècle de notre ère; 2o que le jeu fut introduit des Indes en Perse sous le règne de Kisra Naushirwan, le Chosroès des historiens byzantins et le contemporain de Justinien. Nous avons montré cependant que le jeu existait virtuellement dans les Indes quelques milliers d'années auparavant, et nous avons toutes les raisons de croire que l'invention des Échecs à laquelle font allusion les Arabes et les Persans signifiait simplement l'établissement définitif de cette modification du Chaturanga, que nous appelons jeu du moyen âge, et qui en Asie, de ce côté de l'empire chinois, est connu sous le nom de Shatranj. Il est vrai qu'un écrivain anonyme affirme à plusieurs reprises que le jeu populaire apporté des Indes en Perse sous le règne de Naushirwan n'était pas une invention des Hindous de cette époque, mais simplement un abrégé et une modification d'un plus ancien jeu introduit antérieurement de la Grèce dans l'Inde, par Alexandre le Grand. Cette théorie est unique et sera examinée à fond plus tard ; à présent, il suffit de dire que l'écrivain anonyme entendait par le jeu grec, (qui est vision pure), le jeu de Chaturanga, dont les écrivains musulmans n'avaient jamais entendu parler. Le lecteur doit savoir que, jusqu'au règne du savant Akbar, les écrits classiques des brahmines furent, dans le sens le plus strict, un livre scellé pour tout homme vivant hors du giron de la croyance hindoue. Nous ne devons pas nous étonner alors de la circonstance qui fait que le Chaturanga était inconnu des premiers écrivains de Moslem...

Introduction des Échecs en Perse.

Le premier et le meilleur récit du Shatranj (ou Échecs du moyen âge), qui nous soit parvenu, est donné par le poète Firdausi, qui florissait dans la dernière partie du xe siècle. Nous savons cependant que, pendant le viiie et le ixe siècles, les *fins* Arabes, sous le magnifique patronage des califes de Bagdad, avaient fait de rapides et remarquables progrès dans la théorie et dans la pratique du jeu. Un médecin nommé Abul-Abbas, qui mourut A. D. 899, écrivit un traité sur les Échecs, et, dans le demi-siècle qui suivit, vécut le célèbre Al-Suli, qui peut être considéré comme le Philidor des Arabes, distingué à la fois comme le premier joueur de son temps et comme l'auteur du meilleur ouvrage qui eût paru jusqu'alors sur le jeu. Nous lisons aussi que Lajlaj et Adali comptaient parmi les anciens maîtres. Chacun d'eux a écrit un traité sur la matière; mais il est très douteux qu'aucun de ces ouvrages existe encore, leur mérite étant surpassé par des productions de date plus récente. Il est possible cependant que les autres existent dans la bibliothèque impériale de Constantinople, et, s'il en est ainsi, nous ne désespérons pas de les voir apparaître au jour, lorsque nos braves amis les Ottomans auront terminé la *sérieuse partie* qu'ils ont engagée pour le moment, en *faisant échec et mat le Czar* (1).

Pour revenir à Firdausi, il peut être à propos de rappeler que le grand poëme épique appelé *Shahnama*, ou *Livre des Rois*, est réellement une histoire en vers de l'empire persan, depuis les temps

(1) Ce travail a été publié dans les années 1854 et 1855, pendant la guerre d'Orient.

les plus reculés jusqu'au viie siècle de notre ère. A vrai dire, nous avons dans notre propre langue de semblables livres, quoique écrits sur une plus petite échelle; par exemple : *L'Angleterre d'Albion*, par le vieux et merveilleux poète Warner, et la *Chronique écossaise*, par Wynton. L'authenticité de *Shahnama*, prise au simple point de vue historique, n'est exposée à aucune objection qui ne puisse s'adresser également aux ouvrages d'Hérodote et de Tite-Live. Nous savons de plusieurs sources que les plus éclairés des rois persans, de temps en temps, s'occupèrent de faire réunir les annales de la monarchie jusqu'à la fin de leur propre règne. Naushirwan, en particulier, remplit ce devoir si digne d'un prince, et la collection, continuée à des intervalles irréguliers, fut enfin complétée sous le règne de Yazdijird, le dernier souverain de la race de Sassa, vers le milieu du viie siècle. L'ouvrage était appelé, par les Persans, *Bastan-nama*, ou *Livre de l'antiquité*. Ceci est probablement le livre auquel fait allusion Agathias, comme ayant été traduit en grec (plus tard), par l'interprète Sergius. Il semble aussi qu'il était connu des Arabes sous le titre de *Siyarul-Muluk*, ou *Histoire des Rois*. Vers la fin du xe siècle, le fameux Mahmoud de Ghnazni ordonne au poète Firdausi de versifier le *Bastan-nama*, ce qui fut fait, et ce poème étonnant, qui contient cent vingt mille vers, œuvre de trente années, fut intitulé le *Shahnama*. Les traductions arabes et grecques, aussi bien que l'original *Bastan-nama*, sont probablement perdus pour toujours; mais le *Shahnama*, comme l'*Iliade*, l'*Énéide* et le *Paradis perdu*, est immortel.

« J'ai été à dessein un peu minutieux, dit M. Duncan Forbes, dans la description de la nature et du caractère du *Shahnama*, afin que le lecteur puisse apercevoir le degré exact de crédit qui est dû aux extraits que je me propose de traduire de cet ouvrage. Qu'il soit remarqué que les événements décrits avaient été enregistrés en prose dans les annales de la Perse au temps de leur date, quelque 450 ans avant l'ouvrage de Firdausi; que le poète les ait embellis, c'est bien naturel et bien probable, mais qu'il ait mis des faits en oubli ou les ait falsifiés, nous n'avons aucune raison de le croire. Quant à la traduction, j'ai seulement à dire que mon principal objet a été de donner la pensée de l'auteur sans suivre servilement ses propres paroles et ses répétitions sans fin. Je puis aussi établir qu'il n'y a pas deux manuscrits du poème qui concordent exactement sur les détails : quelquefois, des strophes entières et des passages sont trouvés dans un exemplaire, et rien dans l'autre. Par une comparaison soigneuse de différents manuscrits, j'ai, je pense, réussi à donner quelque chos de semblable à ce que l'auteur eût dit s'il avait écrit en anglai

Les limites que nous sommes obligés d'assigner à notre traité nous privent du plaisir de reproduire le récit assez long qui a été intercalé ici par notre auteur, mais nous allons en donner en quelques mots la substance.

« Le roi Kisra Naushirwan est assis sur son trône, au milieu d'une cour brillante... Arrive l'ambassadeur du roi de Hind, qui, parmi des présents magnifiques envoyés par son maître, dépose aux pieds de Kisra Naushirwan un Échiquier avec ses pièces. L'envoi est accompagné d'une lettre qui commence ainsi : « O roi! puissiez-vous vivre aussi longtemps que les sphères célestes continueront leurs révolutions. Je vous prie d'examiner cet Échiquier, et de le mettre sous les yeux des plus savants et des plus grands sages de votre royaume. Laissez-les délibérer avec soin tous ensemble, et découvrir, s'ils le peuvent, les principes de ce jeu merveilleux... Et, poursuit le roi de Hind, si vous réussissez à en pénétrer le secret, je vous promets de me reconnaître tributaire de de Votre Majesté; sinon, comme il sera clair que vous ne nous égalez pas en science, c'est vous qui devrez vous soumettre à me payer tribut, car la véritable grandeur de l'homme consiste dans son savoir, et non dans le territoire, les armées et les trésors, choses périssables! »

Naushirwan adresse alors plusieurs questions à l'envoyé; il examine curieusement l'Échiquier et ses pièces, et demande sept jours pour réfléchir. Tous les conseillers et les ministres se mettent à l'œuvre, mais l'énigme paraît insoluble; les avis étaient partagés et les sept jours étaient près de leur écoulement quand enfin le premier des conseillers du roi, Buzursmihr se lève, et annonce qu'il s'engage à découvrir le mystère dans l'espace d'un jour et d'une nuit. Effectivement, il s'enferme, lui et l'Échiquier, dans un appartement séparé, et là examine chaque pièce, se pénètre des probabilités de leur marche jusqu'à ce que la vérité entière lui apparaisse, et, quittant sa chambre solitaire, il se presse d'accourir devant Naushirwan : « O roi! s'écrie-t-il, j'ai réussi à trouver la nature du jeu. » La cour s'assemble, l'envoyé du roi de Hind est introduit, et, après lui avoir fait répéter en détail le message de son souverain, Buzursmihr expliqua solennellement l'Échiquier, l'arrangement des pièces et leur marche en présence de l'assemblée, muette d'admiration. L'ambassadeur indien se retire, considérant Buzursmihr comme un homme dont la pénétration était supérieure à celle des simples mortels. Assurément, remarque M. Forbes, Buzursmihr n'a pas son pareil, pour l'intelligence, de nos jours. Naushirwan le combla de faveurs et de dignités.

C'est ainsi qu'eut lieu, suivant Firdausi, la première introduction du jeu d'Échecs de l'Inde en Perse.

De l'invention des Échecs dans l'Inde d'après les Arabes et les Persans.

Les écrivains de l'Arabie et de la Perse sont presque unanimes sur les points suivants : 1º que le jeu de Shatrans a été inventé dans l'Inde ; 2º que le nom de l'inventeur était Sassa ou Sissa, le fils de Dahir ; 3º que le fond et l'objet de ce jeu était d'apprendre, d'expliquer et d'illustrer l'art de la guerre, et 4º qu'il a été introduit des Indes en Perse sous le règne de Naushirwan le Juste, comme il vient d'être dit dans le chapitre précédent. Jusque-là, les docteurs s'entendent, mais ils diffèrent presque tous lorsqu'il s'agit de préciser le *temps* et le *lieu* de l'invention. Du reste, c'est toujours l'Inde ; mais dans quelle portion de cet immense empire ? voilà ce qu'il est impossible de savoir.

Je suis sincèrement convaincu que ce que les Arabes et les Persans considèrent comme l'invention des Échecs, signifie simplement la modification très naturelle du Chaturanga en Shatrans. Il est curieux aussi que je sois confirmé dans cette opinion par l'auteur d'un traité sur les Échecs appartenant à la Société asiatique. Malheureusement cet ouvrage est incomplet et le nom de l'auteur n'est pas donné. Il est évident cependant qu'il vécut, ou pendant le règne de Timur, ou un peu après ; car il place dans cet ouvrage dix-huit problèmes (dont nous donnerons quelques-uns) qui se présentèrent en partie à Khaja-Ali-Shatranji, le Philidor de la cour de Timur. Cet auteur anonyme a donné trois versions différentes, que j'ai abrégées, du récit de l'invention des Échecs. Il diffère de tous les autres écrivains en ceci, « que Sassa, le fils de Dahir, n'a pas inventé le jeu d'Échecs, mais qu'il a seulement modifié une plus ancienne forme de jeu et plus parfaite, selon lui. » Il est assez bizarre aussi en affirmant que les Hindous n'ont pas inventé le jeu ancien, donnant pour seule raison de cette divergence d'opinion avec tous les écrivains antérieurs, « que les Hindous étaient une triste et stupide race, incapable de faire une pareille chose. » Il répète cela, je crois, dans une douzaine d'endroits, sans la moindre variante ; lui, pour une raison ou pour une autre, détestait les Hindous, et il a conféré l'honneur de l'invention aux Grecs !! Il faut dire en sa faveur toutefois que *nulle part* il ne réclame cet honneur pour sa propre nation.

Le premier de ces récits nous montre un roi indien nommé Kaid, qui, après avoir successivement battu tous ses ennemis, se trouvait condamné au repos, et, tandis que ses peuples jouissaient des douceurs de la paix, lui semblait plongé dans une noire affliction. Le roi avait un sage ministre du nom de Sassa; il lui fait part de ses ennuis : « Dis-moi, Sassa car grande est ta sagesse, comment je puis me guérir de cet état d'abattement et de dégoût de toutes choses? » Alors Sassa lui raconte qu'il existe un jeu merveilleux apporté dans l'Inde par Alexandre, et propose au roi de le lui apprendre; ce qui est accepté avec empressement. Mais le ministre, pensant que le jeu tel qu'il l'avait découvert lui-même, grâce à sa pénétration extraordinaire, était trop compliqué pour fixer longtemps l'attention du roi, résolut de le simplifier : il réduit à 32, au lieu de 56, le nombre des pièces; les pions qui atteignaient la huitième case devenaient seulement Visir au lieu de Tour, Cavalier ou Fou, comme dans l'ancien jeu, et il fixa à 64 le nombre des cases de l'échiquier, et alors il présenta le jeu au roi. Celui-ci en acquit rapidement la pratique, et en fit ses délices. Un jour, il dit à son ministre : « O Sassa! ne t'ai-je donc pas promis pour récompense ce qu'il te plairait de me demander? il est temps de parler. — O mon souverain! reprit le sage ministre, je ne demande pour récompense que d'avoir un diram d'argent pour la première case de l'Échiquier, deux pour la deuxième case, quatre pour la troisième, et ainsi de suite, doublant le nombre pour chaque case jusqu'à la soixante-quatrième. Cette demande parut bien insignifiante au roi. Il reproche à Sassa son peu de confiance dans sa libéralité; mais Sassa insiste, et enfin le roi ordonne à son trésorier de faire le compte de ce qui lui est demandé, et de verser la somme entre les mains du ministre. Le trésorier s'aperçut bientôt que tous les dirams répandus sur la surface de la terre, multipliés des millions de fois, ne satisferaient pas à la demande de Sassa. Il en avertit le roi, qui reconnut quelle était la profondeur de la sagesse de Sassa, et il voulut lui donner tous ses royaumes; mais le ministre les refusa, disant que la science et la sagesse sont les seules possessions qui resteront avec nous jusqu'à l'heure de la mort.

Dans le second récit, le roi Fur meurt, laissant sur le trône un fils unique encore très-jeune; les rois voisins s'approchent de tous côtés; le conseil des grands dignitaires de l'État fut réuni par le jeune monarque, il leur dit : Guidez mon inexpérience; que dois-je faire? — Il faut tirer le sabre contre l'ennemi. — Mais je n'ai jamais vu la guerre, comment puis-je être le chef de braves troupes? — Ne craignez rien; vous serez entouré de guerriers habiles et de sages conseillers; mais le temps presse, et il faut joindre l'ennemi avant qu'il n'ait mis le pied sur votre territoire. Or, assa, fils de Dahir, était premier ministre du prince; il abrégea le « parfait jeu d'Échecs », comme il a été dit, et apporta l'échiquier au prince, en lui disant : Voici qui vous apprendra à faire la guerre. Guidé par lui, le jeune roi s'appropria rapidement les principes du Jeu ; puis il fit la guerre, battit tous ses ennemis, et revint chérissant les Échecs qui lui avaient sauvé l'honneur, son royaume et sa vie.

Troisième version. Deux princes, unis par le sang, se disputent l'empire ; ils vont trouver leur mère et lui disent : « Quel est celui de nous deux qui doit régner après vous ? » La mère, qui les aimait également, répond : « Celui qui sera le plus brave au combat, le plus sage dans le conseil et le plus aimé du peuple et de l'armée. » Gau et Ralkland se retirent mal satisfaits ; leurs querelles s'envenimèrent bientôt ; ils avaient chacun de nombreux partisans : la guerre civile éclata. L'aîné des deux frères, qui avait meilleur cœur, fit cependant de grands efforts pour restaurer la paix ; il offrit à Ralkland de diviser le royaume de leur mère en deux parts, et de choisir celle qui lui conviendrait ; mais ce dernier refusa. Dans la première bataille, les soldats de Ralkland furent complétement défaits, et lui-même, monté sur un superbe éléphant blanc, expira de douleur à la vue du triomphe de son frère. L'infortunée mère s'imagina que Gau avait causé cette mort ; elle ne voulut pas le revoir, et elle se livrait à son chagrin sans vouloir en être distraite. C'est alors que Sassa, fils de Dahir, modifia l'ancien Jeu des Échecs, ainsi que nous l'avons dit dans le premier récit ; il apporta l'Échiquier et ses pièces devant la reine, lui montra comme chaque armée se trouvait placée sur le champ de bataille, leurs manœuvres, et comment enfin Ralkland, enveloppé par ses ennemis, était mort de la rupture d'un vaisseau du cœur, et qu'à cette occasion ceux qui l'entouraient s'écrièrent : Shâh-mât ou Shâh-mâno, qui signifie : Le Prince est mort, ou le Prince est à la dernière extrémité. La Reine prit un triste plaisir à ce Jeu, qu'elle jouait journellement avec Sassa, et à la fin elle reconnut l'innocence de son fils.

A notre grand regret, il a fallu tronquer ces poétiques légendes et leur enlever la grâce orientale de leurs développements ; mais il faut lire, dans la traduction de M. Duncan Forbes, ces anecdotes avec tous les détails qui produisent la couleur locale ; car, en dehors et certainement au-dessus de l'intérêt spécial qu'y peuvent trouver les amateurs du Jeu des Échecs, elles contiennent des beautés littéraires et une valeur historique d'un ordre tout à fait remarquable. Nous rendons la parole au savant orientaliste :

« Les trois manières de raconter l'invention des Échecs, données par notre auteur anonyme, sont des exemples parfaits des traditions qui existaient sur ce sujet parmi les Arabes et les Persans ;

toujours sauf la conclusion qui est absolument sienne et dont les autres écrivains ne font pas mention. Il répète sans cesse que Sassa n'était pas l'inventeur, mais simplement celui qui avait perfectionné le Jeu ancien, et il n'est pas très scrupuleux lorsqu'il pervertit ses autorités afin de suivre son propre point de vue. Par exemple, dans ce troisième récit, qu'il prétend avoir abrégé de Firdlausi, il falsifie l'opinion de cet éminent historien avec la plus froide effronterie. Le grand poète ne dit pas un mot de Sassa ni du Jeu des Grecs. Il dit seulement que Gau rassembla tous les savants de son royaume et les chargea de faire un plan de la bataille, afin qu'elle pût être expliquée à la Reine sa mère. Les savants délibérèrent pendant une nuit et un jour, et le résultat fut l'invention du Jeu d'Échecs. Il ne fait mention d'aucun nom en particulier, puisqu'il attribue l'invention au mérite collectif des sages de l'Inde. L'histoire de Sassa est une légende arabe plus récente, purement faite à l'effet de donner à l'invention « un lieu d'origine et un acte de naissance. »

Je crois cependant, avec l'auteur anonyme, que ce que les écrivains de l'Asie occidentale considéraient comme étant l'invention originaire des Échecs signifiait réellement le changement du Chaturanga en Shatranj. L'existence de ce Jeu de Hermès, le sage Grec, joué par Alexandre le Grand, ses officiers et ses soldats, est réellement trop absurde pour mériter un moment d'examen, ainsi que toute personne versée dans la littérature grecque et dans la pratique des Échecs le reconnaîtra facilement. Pour ceux qui n'ont pas qualité pour juger, une histoire est tout aussi bonne qu'une autre, de sorte que je les félicite de grand cœur de leur opinion personnelle. En même temps, je pense qu'il n'est pas impossible d'expliquer les altérations et fausses allégations de l'auteur anonyme. Il vivait certainement à la cour de Timur ; car, dans son livre, il a donné dix-huit problèmes, ou positions, qui se présentèrent en partie à Ali-Shatranj, le meilleur joueur de cette époque et probablement un des meilleurs qui aient jamais existé. Non-seulement il donne les problèmes, mais un grand nombre de détails minutieux à leur sujet, tels que les avantages faits, qui était l'adverversaire ; et si Ali jouait avec ou sans Échiquier, autant de détails qui n'ont pu être enregistrés que par un témoin oculaire. Le grand Timur avait de la préférence pour le « Parfait Jeu d'Échecs » (ainsi que le nomme notre auteur), c'est-à-dire l'Échiquier de 10 cases sur 11, dont nous parlerons plus tard. Timur détestait les Hindous parce qu'ils étaient idolâtres, et les méprisait parce qu'il avait réussi à envahir leur pays. A cause de cela, notre auteur, afin de flatter les idées de son maître, écrit que le grand jeu d'Échecs est l'original, et qu'il fut patroné par Alexandre le Grand, qui l'introduisit dans l'Inde ; et que, après tout, les Hindous étaient un trop stupide peuple pour le comprendre, jusqu'au jour où Sassa le simplifia et en réduisit les dimensions suivant leurs faibles capacités. Une si grossière fabrication a dû passer inaperçue de Timur, qui s'entendait mieux au métier des armes qu'à l'étude des livres, et ses obséquieux courtisans auront confirmé les doctrines qui paraissaient plaire à leur souverain.

UN MANUSCRIT PERSAN (260) APPARTENANT A LA BIBLIOTHÈQUE DE LA SOCIÉTÉ ROYALE ASIATIQUE A LONDRES.

L'auteur anonyme du manuscrit d'où M. Duncan Forbes a déjà extrait les trois légendes que nous avons abrégées, s'exprime ainsi dans une préface qui étale pompeusement, et d'une manière vraiment comique, les mérites de son propre ouvrage :

« ..... Et il est plus d'un homme qui a reconnu, par sa propre expérience, que cette récréation magique le consolait de la douleur et de l'affliction. Le même fait a été établi par le célèbre docteur Muhammad Zakaria Razi, dans son livre intitulé : L'*Essence des choses*. Et telle est également l'opinion du docteur Ali-bin-Firdand, comme je le noterai avec plus de détails à la fin du présent ouvrage, pour la composition duquel j'espère recevoir ma récompense de Dieu, qui est toute élévation et toute gloire.

» J'ai passé ma vie, depuis l'âge de 15 ans, parmi les premiers maîtres d'Échecs de mon temps, et depuis cette période jusqu'à présent, qui est l'âge mûr de ma vie, j'ai voyagé à travers l'Irak-Arabie et l'Irak-Ayam, le Khurasan et les régions de Mawara-al-Nahr (Transoxianie), et là j'ai rencontré bien des maîtres de cet art, et j'ai joué avec eux tous ; et par la permission de celui qui est adorable et très haut, je suis sorti victorieux.

» J'ai aussi joué, sans voir l'Échiquier, contre un grand nombre d'adversaires, et ils ne pouvaient pas me résister. Moi, l'humble pécheur qui s'adresse maintenant à vous, j'ai souvent joué sur l'Échiquier contre un adversaire, en même temps que je conduisais quatre parties différentes contre autant de joueurs sans voir l'Échiquier, tout en causant librement avec mes amis tout le temps, et, par l'effet de la faveur divine, je triomphais d'eux tous. J'ajouterai que, dans le « Grand Jeu, » j'ai inventé des positions de problème, aussi bien que divers débuts dont aucun autre ne s'était avisé auparavant.

» Il y a un grand nombre de positions qui se sont présentées à moi dans le cours de la pratique du Jeu tel qu'il est en usage actuellement, et bien des positions données comme gagnées par les vieux maîtres ont été revues par moi. Quelquefois j'indique une défense, d'autrefois j'ai rétabli ces positions telles qu'elles voulaient être. J'ai aussi amélioré et rendu plus complète la collection des rares et subtils stratagèmes qui avaient été recueillis jusqu'à ce jour et inventés par les premiers maîtres ès-Échecs. En résumé, j'ai mis sous les yeux du lecteur tout ce que j'ai pu découvrir moi-même par mon expérience, et, dans les travaux de mes prédécesseurs, ce qu'il y a de rare et d'excellent.

» En premier lieu, je compte vous prouver que le « Parfait Jeu des Échecs » n'est pas l'original; ensuite, je vous dirai qui l'a inventé et où il a été inventé, et à quelle occasion l'invention eut lieu. Je vous tracerai également en grand détail la voie qu'il a suivie pour pénétrer dans l'Inde, et à quelle époque ils l'ont abrégé, ces peuples indiens qui, comme chacun sait, ne sont pas les inventeurs des Échecs, car ils n'ont pas suffisamment de savoir et de sagesse pour l'avoir fait, et jamais ne l'ont eu. Je vous montrerai aussi les meilleurs débuts du Jeu, car en cela consiste le principe et le fondement d'une bonne partie. Et je vous apprendrai comment conduire votre partie après l'ouverture, et je mettrai devant vous une grande variété des plus rares et des plus ingénieux stratagèmes, par lesquels vous pouvez être à même ou de gagner ou d'annuler dans des situations qui paraîtraient désespérées à des non initiés. Je vous apprendrai aussi l'exacte valeur des Pièces, connaissance sans laquelle vous ne pouvez devenir un bon joueur. Je vous dirai aussi quelle est la variété d'avantages que l'on peut donner ou recevoir; et enfin, je vous remettrai la clef de telles situations qui amènent partie nulle et qui se présentent à la fin d'un combat. »

Voici un des dix-huit problèmes donnés par l'auteur anonyme, comme étant de Khaja-Ali-Shatranji; il s'est présenté en partie, Ali rendait la Tour de la Dame. La position est simple et naturelle. Ali avait les Blancs, et nous voyons qu'il a déjà gagné deux Pions. Il doit y avoir eu de grandes manœuvres avec les Cavaliers et la Tour du côté d'Ali pour amener la partie à cet état. C'est maintenant aux Blancs de jouer, et nous voyons que leur Tour peut prendre la Dame noire de suite, car le Fou noir ne commande pas la case sur laquelle elle est placée; mais l'échec et mat est bien mieux. Le lecteur doit se rappeler que, dans le jeu du moyen âge, la Reine ne commande que les 4 cases diagonales autour d'elle, et les Fous les 4 cases diagonales à une case d'intervalle d'eux; de sorte que le Fou était la plus faible de toutes les pièces, ne pouvant se placer invariablement que sur les 8 mêmes cases de l'Échiquier.

POSITION PAR ALI SHATRANJI.

Noirs.

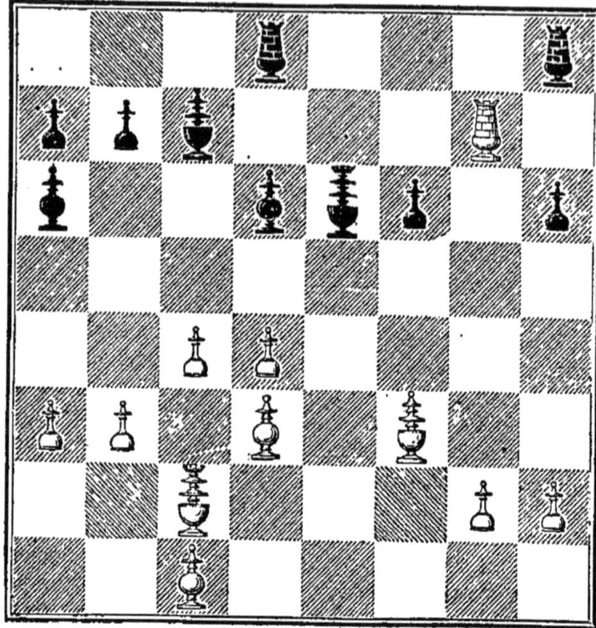

Blancs.

Les Blancs jouent et font mat en 8 coups.

Solution.

Blancs.		Noirs.	
1	P. 5ᵉ D. (Ech.)	1	R. 4ᵉ R.
2	T. 7ᵉ R. (Ech.)	2	R. 5ᵉ F.
3	T. 4ᵉ R. (Ech.)	3	R. 4ᵉ C.
4	T. 4ᵉ C. R. (Ech.)	4	R. 4ᵉ T.
5	T. 7ᵉ C. R. (*Coup de repos.*)	5	P. 5ᵉ F. R. (Mcill.)
6	F. pr. P.	6	T. (R. ou D.) c. C. R. (1).
7	D. 4ᵉ C. R. (Ech.)	7	R. 5ᵉ T.
8	Le Pion du Cav. matte.		

7	D. 4ᵉ C. R.	(1) 6	R. 5ᵉ T.
8	Mat avec le Pion.	7	Ce qu'il veut.

Théorie et pratique du Shatrans ou Échecs du moyen âge.

L'ancien Échiquier, sur lequel se jouait le Chaturanga, n'avait pas de variété de couleur, et quand le jeu fut modifié en Shatranj, l'Échiquier, autant qu'il est permis de le conjecturer, demeura blanc, quoique les divisions en cases blanches et noires eussent été alors un avantage marqué. Hyde (p. 60) donne le dessin d'un magnifique Échiquier en ivoire, qui lui avait été donné par Daniel Sheldon, marchand des Indes-Orientales ; il datait de près de deux siècles, et ses cases étaient historiées, mais pas de différentes couleurs. Ici se présente une question. Qu'est devenu l'Échiquier indien de Hyde? Certes, les souris ne l'ont pas mangé, et je ne puis admettre davantage l'idée barbare de sa destruction ; mais passons. La plus ancienne reproduction d'un Échiquier peint dans l'Orient que j'aie encore vue, existe dans un exemplaire du Shahnama, au British Museum (n° 18,804, f° 260), transcrit il y a environ 140 ans. C'est une peinture de la scène où Buzurjmihr explique les mystères du jeu en présence de Nanshirwan et de l'ambassadeur indien. Le sage Persan avait un Échiquier peint de 64 cases placé devant lui, avec les pièces arrangées dessus, et une case blanche à sa droite. Cependant, dans aucun des trois manuscrits mentionnés plus haut (décrits au long dans le chapitre viii du travail de M. Duncan Forbes), il n'y a aucune allusion à la couleur différente des cases. Dans le jeu du moyen âge, en Europe, l'Échiquier paraît avoir été coloré vers le xive siècle, car on lit, dans un poème latin que l'on suppose être de cette époque, cité par Hyde (p. 181) : « Asser quadratus vario colore notatus ; » mais, dans un plus ancien poème du temps des Anglo-Saxons, donné par le même auteur (p. 179), il n'y a rien de dit relativement à la différence de couleurs.

L'arrangement des pièces dans le Shatranj était exactement le même que le nôtre ; c'est-à-dire les Rois se plaçaient vis à vis l'un de l'autre, de même les Farzins ou Dames. C'est une opinion commune (quoique erronée) que de chaque côté la Dame était placée du côté droit de son Roi. Ceci est particulier seulement au jeu moderne indien ; mais il n'en était pas ainsi dans cette contrée voilà 300 ans, ainsi que le prouve le MS. (n° 16,856) dédié au grand Mogol du jour. La partie commençait ordinairement par le Pion du Roi ou de la Dame, avec cette différence que, dans le Shatranj, les Pions ne pouvaient avancer qu'un pas à leur premier coup ; le Roi, la Tour et le Cavalier avaient exactement la même marche qu'au temps actuel. Le Farzin, ou ce que nous appelons la Reine, atteignait la case oblique la plus proche; conséquemment, sa puissance s'étendait lentement sur la seule moitié des cases que nous dirions être de sa couleur. La Dame adverse se trouvant sur une case de différente couleur, les deux Dames ne pouvaient, dans aucune circonstance, entrer en lutte. Le plus ancien des poèmes latins, donné par Hyde (p. 180), nous apprend que tel était le cas en Europe.

> Nam Regina non valebit impedire alteram.

Le Fil, que nous appelons Fou, parcourait deux cases obliques. Il attaquait et commandait seulement la dernière case, et n'avait nulle action sur la case intermédiaire; ainsi son attaque, comme celle du Cav., ne pouvait pas être couverte ou repoussée par l'intervention d'une autre Pièce. On verra, après un léger examen, que son action ne s'étendait que sur 7 cases de l'Échiquier, en ne comptant pas celle sur laquelle il se trouvait au point de départ. On verra aussi que chacun des 4 Fous avait un diocèse de 8 cases particulières pour lui-même, sans en pouvoir jamais sortir. Et il se trouvait que les 8 cases appartenant à l'un ou à l'autre de ces Fous ne se confondaient jamais avec celles des trois autres; il n'y avait donc aucune possibilité pour le Fou de rencontrer un Fou adverse, même un de sa couleur. Enfin, quand un Pion atteignait l'extrémité opposée de l'Échiquier, il obtenait le rang de Farzin *seulement*, et pas d'une autre Pièce. Il commençait donc sa marche diagonale une case à chaque coup, et réduit à la couleur de sa première case; c'est ce qui explique que, dans beaucoup de fins de parties données dans les manuscrits orientaux, nous trouvons deux ou trois Farzins de chaque côté de l'Échiquier; nous parlerons de cela plus au long tout à l'heure. Ici, une fois de plus, le vieux poème latin de Hyde est d'accord avec nous :

> Cum Pedester usque summam venerit ad Tabulam
> Nomen ejus tunc mutetur; appelletur Ferzia?
> Ejus interim Reginæ gratiam obtineat.

Ici, nous avons le mot persan Farzin, conservé intégralement, quoique le terme de Reine fût déjà en vogue. Les livres ne pouvaient pas prouver mieux l'origine orientale des Échecs. Je puis observer, en outre, que ce fait particulier d'élever les Pions à la dignité de Farzins dans le jeu du moyen âge, fait crouler d'un coup toute cette thèse écrite sur la *non antiquité* de la pluralité des Reines, que Philidor et son savant éditeur, M. Pratt, semblent considérer comme une invention moderne. (Voir le Philidor de Pratt, 1825, p. 515). Qu'il ne soit pas fait de méprise sur ce que je veux dire : quand je parle de Philidor, je confesse qu'il tenait le premier rang comme joueur d'Échecs, mais pas pour son érudition. Maintenant que j'ai expliqué la marche des Pièces dans le Shatranj, je cesserai d'employer les termes « Farzin » et « Fil, » et j'emploierai à leur place les appellations usuelles de Dame et Fou : le lecteur devant se rappeler leur action très limitée sur l'Échiquier.

Pour donner une idée de la puissance relative et de la valeur échangeable des Pièces, les Arabes et les Persans ont adopté la manière suivante, qui est extrêmement ingénieuse et pratique. Elle est fondée sur les dénominations de leurs pièces de monnaie. Supposons que le diram vaille 60 centimes, le dank 20 centimes et le tasu 2 centimes; cela nous dispensera d'employer les termes orientaux.

Le Roi, disent-ils, est au-dessus de toute estimation, *à cause de son rang*, mais en réalité par la nature du jeu. La valeur de la Tour est de 60 centimes, celle du Cavalier de 40 centimes. Sur ces deux points, les trois manuscrits sont d'accord. Mais la valeur de la Dame est moins tranchée, car l'un des manuscrits dit qu'elle vaut 30 centimes, et un autre seulement 20 centimes (peut-être 25 centimes serait plus près de la vérité). La valeur du Fou est de 35 centimes. La valeur moyenne des Pions est de 10 centimes chaque; mais les deux Pions royaux ou du centre valent 12 centimes, et, suivant quelques-uns, le Pion du Roi 15 centimes. De même les Pions des ailes ne vaudraient chacun que 6 centimes. Enfin, la réelle valeur des Pièces et des Pions est susceptible de subir de grandes modifications suivant les circonstances. Ainsi, il peut arriver que, dans certaines occasions, un Cav. ou même une Dame ait plus de valeur qu'une Tour. Ainsi un Pion, à mesure qu'il approche du bord opposé de l'Échiquier, prend une valeur graduellement plus forte que celle du Fou.

Je finirai ce paragraphe en donnant une très belle fin de partie par Adali, un joueur arabe de la plus grande force, qui florissait dans la première partie du xe siècle. On la trouve dans le folio 4 A du manuscrit de la Société asiatique. Adali jouait avec les Noirs. Mais j'ai changé cela pour plaire au lecteur, puisqu'il est passé en coutume de poser les problèmes de façon à ce que les Blancs soient vainqueurs. Dans la même intention louable, je me sers de notre Échiquier que les Shatranjis, j'en suis sûr, auraient considéré comme un perfectionnement.

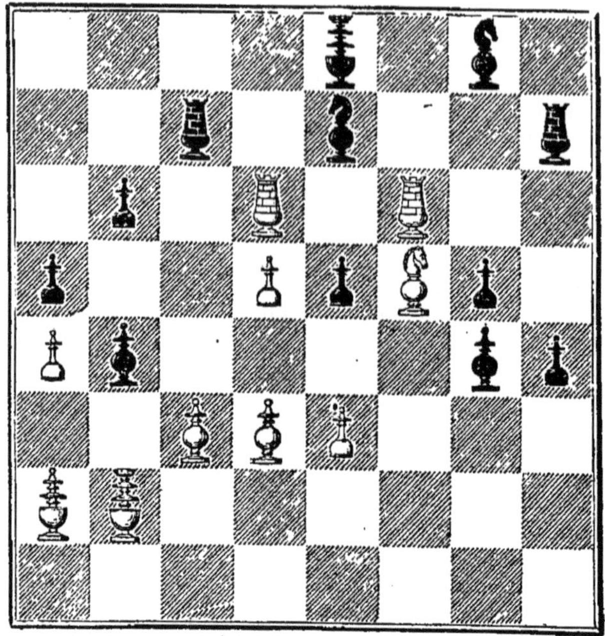

Les Blancs jouent et font mat en 8 coups.

Solution.

Blancs.		Noirs.	
1	C. 7° C. R. (Ech.)	1	La T. est obligée de prendre.
2	T. 8° D. (Ech.)	2	R. pr. T.
3	T. 8° F. R. (Ech.)	3	R. 2° D.
4	F. R. 5° C. D. (Ech.) (1).	4	R. 3° D. (Forcé.)
5	T. 8° D. (Ech.)	5	La Tour s'interpose (Meill.)
6	T. pr. T. (Ech.)	6	R. 4° F. D.
7	F. 3° T. D. (Ech.) (2).	7	R. 5° F. D.
8	D. 3° C. D.	8	Mat.

La position a tout l'air de s'être présentée en partie. Adali est inférieur en forces numériques de deux Pions et une Dame contre

(1) J'ai choisi ce problème pour montrer le jeu des Fous, qui ne remuent pas dans le problème par Ali Shatranji, donné dans notre dernier chapitre. Nous voyons dans ce coup la bizarrerie de l'Echec du Fou, qui ne peut être couvert ni par le Cav. ni par la Tour, ce qui aurait lieu avec notre manière de jouer. Il n'y a alors aucune ressource pour le Roi noir, que de jouer à la 3° case de sa Dame.

(2) Ici le F. de la D. blanche saute par-dessus son propre Roi, et donne Echec au Roi adverse par-dessus le Fou adverse.

un Cavalier; en total, au moins 3 Pions. Ils ont été probablement sacrifiés par le vieux rusé maître, comme autant de petit fretin pour attraper le gros poisson.

Des avantages, et de la division des joueurs en cinq classes.

..... Le plus petit degré des avantages est de permettre à son adversaire de prendre le trait, le second degré est de lui donner un demi-Pion, ce qui consiste à enlever le Pion du Cav. de sa ligne et de le placer sur la 3e ligne de la Tour. La 3e espèce d'avantage est de rendre le Pion de la Tour, le 4e celui du Cav., 5e celui du Fou, 6e celui de la Dame. Le 7e avantage consiste à rendre à son adversaire le Pion du Roi, qui est le meilleur de l'Échiquier. La 8e espèce d'avantage est de donner le Fou du Roi, la 9e le Fou de la Dame. Le 10e degré est de rendre la Dame, le 11e Dame et Pion, ou l'équivalent, un Cavalier; car, quoique la Dame et le Pion soient un peu inférieurs au Cav. en commençant, il faut tenir compte des probabilités du changement du Pion en Dame. La 12e sorte d'avantage est Cav. et Pion, la 13e la Tour. Avoir à rendre plus que la Tour est un cas qui ne peut s'appliquer qu'aux femmes, aux enfants et aux écoliers. Par exemple, un homme auquel un joueur même du premier ordre peut donner l'avantage de la Tour et du Cavalier, n'a aucun droit à être classé parmi les joueurs d'Échecs. En effet, les deux Tours aux Échecs sont comme les deux mains dans le corps de l'homme, et les deux Cavaliers sont ses pieds. Il a donc bien peu sujet de s'enorgueillir de sa force et de son courage, celui qui vient vous raconter qu'il a donné une *fameuse volée* à un homme qui n'avait qu'une main ou qu'un pied...

Les Arabes et les Persans divisaient les joueurs d'Échecs en cinq classes. D'abord, les Aliyat ou « classe des grandeurs, » dont il existait rarement trois à la même époque. Il est rapporté, dans un vieux manuscrit arabe, qu'Adali resta pendant un temps, seul de sa classe, et que la même chose arriva à Al-Ari, un joueur arabe plus récent, et aussi à Ibn Dandan et Al-Kunaf, tous deux de Bagdad. La seconde classe consiste en joueurs qui peuvent gagner deux ou trois parties sur dix quand ils se mesurent *à but* contre un Aliyat; différence de force que l'on peut évaluer à un Pion. C'est-à-dire un joueur de la 1re classe pourrait donner au meilleur joueur de la seconde classe le Pion de la Tour, et, au plus faible de cette mêmeclasse, le Pion du Roi. La 3e classe consiste en joueurs auxquels une des « grandeurs » peut donner l'avantage de la Dame. La 4e classe consiste dans ceux auxquels un des plus forts peut rendre

le Cavalier. La 5e classe consiste dans ceux à qui un Aliyat peut
donner la Tour.

Je ne puis m'empêcher de conclure de ce qui précède que les
Arabes et les Persans doivent avoir possédé de bien grands joueurs.
C'est seulement parmi de bons joueurs qu'une gradation si minu-
tieuse, et pour nous presque imperceptible dans les avantages,
peut avoir été établie. Je ferai observer en même temps que c'é-
tait bien plus difficile dans le jeu de Shatranj de donner le Cav. ou
la Tour que dans le nôtre. La difficulté provenait de deux causes
facilement saisissables. Dans le Shatranj, le Cav. constituait la huitième partie de la force totale; chez nous, il n'en est guère que la
12e portion. La Tour, dans l'ancien jeu, représentait entre la 5e et
la 6e partie de la puissance numérique, quand, dans notre jeu, elle
n'est que la 8e partie. Un autre grand désavantage qu'il y avait à
rendre la Tour ou le Cav., était que le joueur plus fort n'avait pas
la ressource de brillantes ouvertures comme chez nous; il ne devait sa supériorité qu'à son génie stratégique et à sa puissance de
combinaison. De là le nombre de belles positions, qui se présentait
en partie à des hommes tels que Ali Shatranji, etc. Le jeu du
moyen âge reposait tout entier sur *la position*, d'où est venue l'é-
pithète « mansuba-baz » (joueurs de positions), que donnaient les
Persans aux joueurs de première force. Le problème suivant mérite l'attention scrupuleuse de tout véritable amateur d'Échecs.
C'est d'abord en soi-même une magnifique pièce de stratégie. En
second lieu, c'est une des plus anciennes que l'on connaisse, car
elle remonte à plus de 1,000 ans. Enfin, elle a été inventée par une
tête couronnée, le souverain Mustasim Billah, le fils du célèbre
Harun Rashid, de Bagdad. Il se trouve dans le manuscrit de la Société asiatique, folio 29 B, mais la solution n'en a pas été donnée.
Nous comblons cette lacune, en invitant toutefois le lecteur à la
chercher, comme nous avons fait nous-même, sur le diagramme.

B.	**N.**
1 T. (7e T.) pr. C. (Ech.)	C. pr. T.
2 T. 8e F. D. (Ech.)	R. 2e T.
3 C. 5e C. (Ech.)	R. pr. C.
4 T. 6e F. (Ech.)	R. pr. C.
5 F. 7e D. (Ech.)	R. 5e C.
6 T. 6e C. (Ech.)	R. 4e F.
7 T. 5e C. (Ech.)	R. 5e D.
8 P. 3e R. (Ech.)	R. 6e D.
9 F. 5e F. (Ech.)	

PAR LE CALIFE MUSTASIM BILLAH, QUI RÉGNAIT A BAGDAD
DE A. D. 833 JUSQU'EN 842.

Noirs.

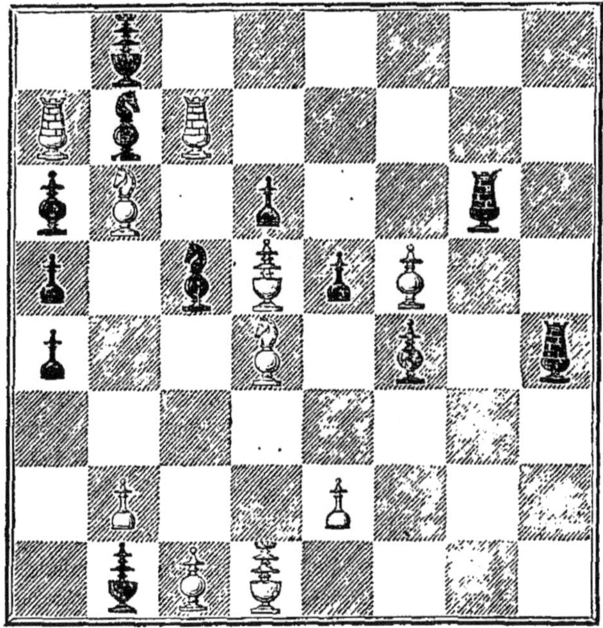

Blancs.

Les Blancs jouent et font mat en 9 coups.

De la manière d'ouvrir le Jeu.

Il faut se rappeler que les Pions n'avaient la faculté d'avancer
que d'un pas à leur premier coup, pour apprécier complétement le
système de tactiques employé dans le début du jeu de Shatranj. A
cause de cette restriction de la part des Pions, et de l'action très
limitée de la Dame et des Fous, on conçoit aisément qu'aucune
collision de forces bien formidable ne pouvait avoir lieu avant
que 10 ou 20 coups n'eussent été joués de part et d'autre. Ce qui
fait que, pour sauver du temps, et empêcher d'inutiles échanges,
on convint que le premier joueur ferait ses 15 premiers coups
à la fois, sans cependant dépasser le milieu de l'Échiquier (1);

____

(1) Ce chiffre de 15 est approximatif.

après quoi, l'adversaire avait droit de jouer un même nombre de coups tels qu'il les croirait plus propres à sa cause, étant aussi, lui, limité à la moitié de l'Échiquier. Ces manœuvres préliminaires étaient appelées, par les Arabes, « Ta biyat, » ce qui signifie « disposer ses troupes en bataille. » Ce terme correspond dans une certaine mesure à notre mot « ouverture, » avec cette différence sérieuse que, dans le ta biyat, toutes les Pièces et tous les Pions restaient sur l'Échiquier jusqu'au 15e coup plus ou moins, ce qui arrive rarement dans notre jeu, excepté dans les ouvertures prudentes du P. 3e R... Le diagramme suivant montre la position des armées respectives, après que 12 coups ont été joués de part et d'autre.

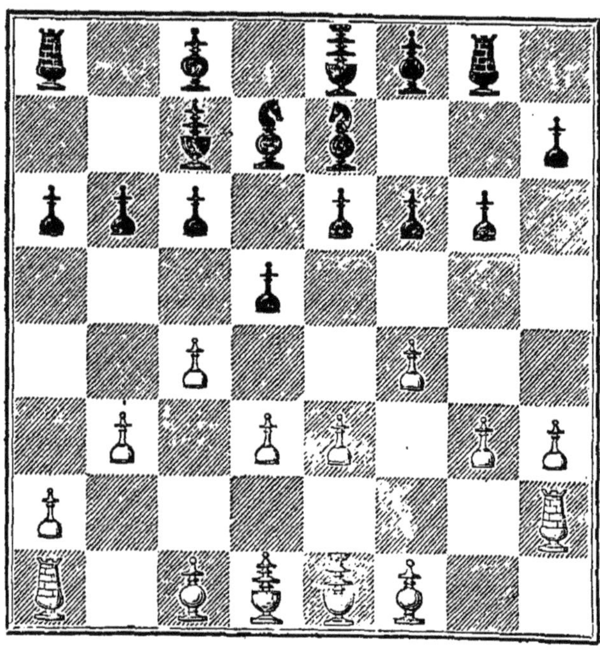

Ici le blanc avait le trait, et par l'usage qu'il en a fait, nous pouvons inférer clairement qu'il avait en vue un grand principe dominant, qui s'applique également à notre propre jeu. Cela consiste « à pousser prudemment les Pions de manière à laisser du jeu aux Pièces, mais en observant avec grand soin de ne pas compromettre .a sûreté des deux Pions du centre. » Nous voyons que les Pions des Fous sont poussés deux pas, de manière à permettre au Cav, d'occuper une très forte position d'attaque.

Plus tard, quand les deux Pions du centre pourront être avancés sans danger, les places qu'ils occupent actuellement seront prises par les deux Fous, et c'est la meilleure position pour eux. Remarquez aussi qu'en deux coups de plus, les Tours peuvent être doublées : l'une à c C D et l'autre à 2e C D. Enfin, le Roi et la Dame se placeront sur les derrières du centre; car, dans ce jeu, le Roi prenait une part active dans le combat et dédaignait de se blottir dans un coin, comme il arrive dans notre jeu moderne.

La position prise par les noirs est évidemment défensive. Les Cavaliers sont moins avancés et la Dame s'est portée à la 2e de son Fou. Il semble que les noirs redoutent une attaque du côté de la D, ce qui est peut-être indiqué par la situation menaçante des Tours. Toutefois, par la nature particulière des ouvertures dans le Shatranj, il est évident qu'aucune attaque brillante et rapide ne pouvait avoir lieu comme dans nos gambits. Dans le jeu oriental, les armées s'avançaient sous des retranchements avant le commencement de la bagarre, et, par conséquent, la victoire finale dépendait d'une série d'habiles manœuvres dont le but était de resserrer l'ennemi dans une position désavantageuse. Dans le fait, le jeu oriental, quoique moins brillant que le nôtre, me paraît avoir été calculé pour former de meilleurs joueurs dans le vrai sens du terme, c'est-à-dire des joueurs qui excellaient à conduire la partie à son milieu, un rare secret que ni livres ni professeur ne peuvent enseigner. Finalement, la difficulté de donner les avantages de la Tour, dans le Shatranj, difficulté à laquelle j'ai fait allusion dans le dernier chapitre, sera bien plus évidente quand nous prendrons garde, à la fois, à la valeur supérieure de la Tour et à la manière dont la partie était ouverte. Je crois que ce n'est pas trop de dire que l'avantage de la Tour, dans le jeu oriental, était équivalent à celui de Tour et Cavalier, pour ne pas dire de la Dame, dans notre jeu moderne.

Fin de partie et position gagnée par force.

Dans le Shatranj il y avait deux manières de gagner la partie : d'abord par l'échec et mat comme chez nous; et 2o quand un joueur avait réussi à prendre toutes les forces de son adversaire, pourvu qu'il eût encore quelque force sur l'Échiquier, si peu que ce fût du reste. Il ne sera pas difficile d'assigner de bonnes raisons à cette latitude donnée aux joueurs dans le jeu oriental. Chez nous, par exemple, le cas de Pion et Roi contre Roi est, dans certaines conditions, une victoire certaine; mais il n'en était pas de même dans le Shatranj (c'est-à-dire si la victoire avait dépendu de l'échec et mat), car, supposez que le Pion fût devenu Dame, il n'y avait pas force suffisante pour mater. De même, chez nous, un Cavalier et un Fou, ou deux Fous contre le Roi, peuvent faire mat; nullement dans le jeu oriental, où, ainsi que nous l'avons montré, les Fous étaient de petite valeur. Par ces raisons et bien d'autres que l'on pourrait alléguer, il est évident que, dans le Sha-tranj, si la victoire avait dépendu seulement de l'échec et mat, une partie gagnée entre de bons joueurs eût été une rareté, et cela ne pouvait se présenter surtout qu'entre un joueur de premier ordre et un autre notoirement plus faible.

Voici une partie gagnée par la supériorité des forces :

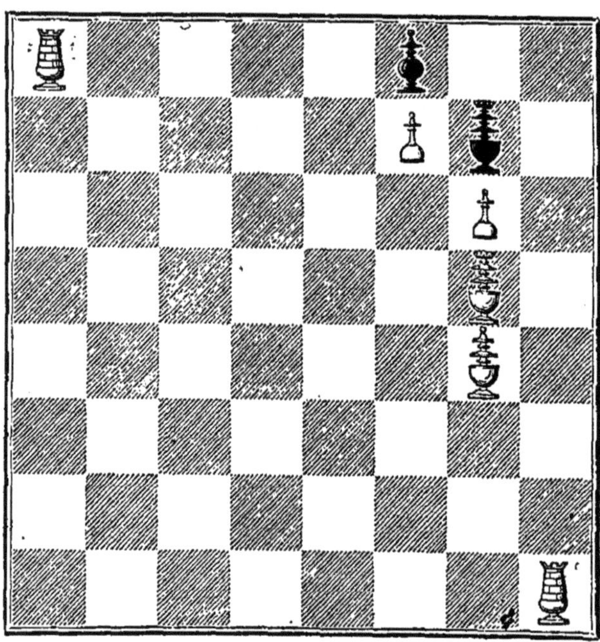

En quatre ou cinq coups les blancs gagnent la partie ainsi qu'il suit :

Blancs.	Noirs.
1 T. pr. F.	1 R. pr. T. (Meill.)
R. 6' F.	2 T. 8' F. (Ech.)
3 La D. couvre.	3 T. 8' C. R. (Meill.)
4 P. 7' C. (Ech.)	4 T. pr. P.
5 D. 6' C. R. enfermant la Tour.	

Les Arabes et après eux les Persans appelaient les fins de partie

3.

« Mansuba, » mot qui correspond exactement à nos expressions de *position* et *situation* et est un problème d'échecs déterminé, dont la solution est rigoureusement juste. On est porté à penser que leurs meilleurs joueurs mettaient leur amour-propre à découvrir vite des positions telles que la victoire était forcée en un certain nombre de coups. De là l'épithète de « Mansuba-Clan, » « un homme rusé dans les positions, » signifiait allégoriquement un homme prudent et prévoyant. Ainsi le terme Mansuba-Bat, littéralement joueur de positions, dénotait un joueur de premier ordre. Tel paraît avoir été Ali-Shatranj, dont il était dit qu'aucun mortel ne pouvait, ni deviner le coup qu'il allait faire, ni dans quel but il avait été fait.

(M. S. du Muséum, no 16,856, fol. 41, A.).

Et maintenant si les Noirs jouent 6e, Tour prend Dame; Roi reprend, et la partie est gagnée par la supériorité des forces. Si la Tour prend le Pion, la Dame reprend et *gagne par le Pat.* Si la Tour joue à la case du Cavalier, le Pion prend la Tour et la partie est gagnée par une majorité de forces. Enfin, si la Tour joue à 2e Tour, la Dame prend et gagne par pat. On voit, par cet exemple, que, chez les Orientaux, celui qui donnait le pat gagnait la partie, — au moins lorsque le Roi noir n'avait aucune pièce ou aucun Pion sur l'Échiquier. Mais si le contraire arrivait, on permettait au Roi (à cause du pat), de changer de place avec telle pièce ou tel Pion à son choix, pourvu qu'il ne se mît pas en échec.

Malgré tout, comme le remarque très judicieusement le savant orientaliste anglais, il y avait, dans le jeu de Shatranj, un vice qui provenait de la puissance trop limitée de certaines pièces, et, par suite de cette anomalie, les parties nulles se multipliaient même dans des cas où les forces étaient le plus inégales. Nous en donnons, à la page suivante, un curieux exemple.

Dans cet exemple, les Noirs ont une force numérique égale à deux Tours et un Cavalier contre un Fou, et le Fou vaut le quart d'une Tour. Cependant, et malgré cette supériorité décisive, les Noirs ne peuvent qu'annuler la partie.

« Parmi les décisions prises par les législateurs d'Orient, à l'égard des fins de partie qui doivent être nulles ou gagnées, il n'y en a qu'une qui s'accorde parfaitement avec nos lois, c'est que Tour contre Cavalier amène généralement la remise. Une Tour contre toute pièce ou Pion, hormis le Cavalier, gagne le plus souvent, et il en est de même du Cavalier dans la majorité des cas contre Fou, Dame ou Pion. Un Fou ou une Dame font partie nulle contre un Pion, — si l'on suppose, bien entendu, que celui-ci est soutenu par son Roi.

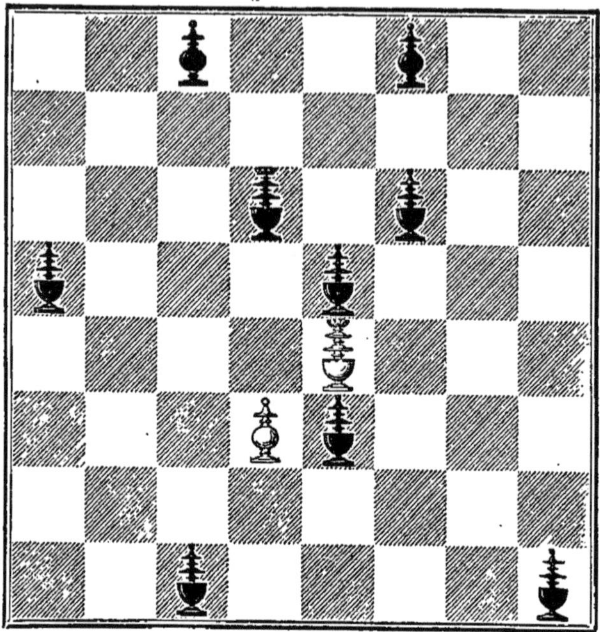

Tour et Dame contre Cavalier et Dame font partie nulle; mais
si les Dames parcourent des cases de différentes couleurs, celui qui
a la Tour gagne s'il joue avec soin, car il n'y a pas de doute qu'une
partie gagnée par sa nature peut aboutir à une nullité, et de même
une nullité forcée peut se changer en partie perdue par suite de né-
gligence. Tour et Fou peuvent seulement annuler contre deux
Dames de même couleur; mais Tour et deux Fous, dans un cas
semblable, gagnent. Quatre Dames, pourvu que deux d'entre elles
soient blanches et les autres noires, gagnent contre la Tour. Mais
si trois Dames sont de la même couleur, la Tour fait partie nulle
même si un Fou ou les deux Fous s'ajoutent du côté où sont les
Reines. La dernière situation est cependant d'une difficulté extrême.
— Deux Tours ne peuvent pas plus que la Reine contre Tour et
Cavalier; mais si de chaque côté il y a un Fou en plus, celui qui a
les deux Tours gagnera.

Les positions suivantes sont si difficiles qu'il a été impossible
aux grands joueurs de décider si elles étaient nulles ou gagnées.
Exemple : Cavalier et deux Dames de même couleur contre Cavalier et une Dame de couleur différente; les uns disent que c'est ga-

gné, d'autres que c'est nulle. Deux Tours et un Fou contre un cavalier, une Dame et un Fou peuvent gagner; mais beaucoup de joueurs éminents ont déclaré que c'était une nullité. Il est encore incertain si une Tour et deux Dames de la même couleur contre deux Cavaliers et deux Fous font partie gagnée ou nulle. Je n'ajouterai pas d'autre cas du même genre; assez a été dit à ce sujet dans ce chapitre pour bien faire comprendre la nature des ouvertures et des fins de partie du Shatranj. Je terminerai ces rapides aperçus par un exemple pris du M. S. (16,856, fol. 44, A.), une nullité.

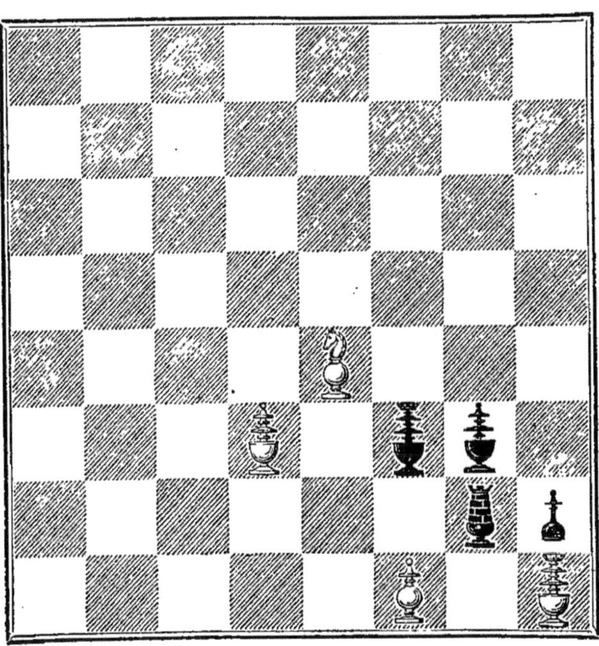

SOLUTION — **1.** Les Blancs donnent échec avec le Cavalier à la 5e du Cavalier du Roi. Le Roi noir va à la 7e du Fou, car s'il jouait partout ailleurs il perdrait la Tour. **2.** Le Cavalier revient donner échec. Si le Roi retourne à la 6e de son Fou, le Cavalier donne échec comme précédemment, et si les Noirs continuent la partie est nulle par échec perpétuel. Supposons alors qu'à son second coup le Roi noir prenne le Fou, alors **3,** la Dame blanche, — 2e Roi échec. Maintenant les Noirs sont obligés de prendre la Dame avec la Tour comme leur meilleur coup. **4,** Cavalier blanc prend la Dame attaquant le Roi et la Tour, coup nommé par les Orientaux « Shâhlukh » et alors la partie est évidemment nulle. Il est inutile d'indiquer les autres défenses au 3e coup ; par exemple s'il prend la Dame avec le Roi laissant la Tour en prise, le Roi blanc la prendrait et gagnerait plus tard.

BIBLIOGRAPHIE DES ÉCHECS

DEPUIS LE COMMENCEMENT DU XVe SIÈCLE JUSQU'A NOS JOURS.

1200. — *Jacobus de Cœsolis* est regardé comme le plus ancien auteur qui ait parlé des Échecs en Europe : son Traité, divisé en vingt-quatre chapitres et écrit en latin, était probablement une compilation de divers manuscrits espagnols ; il en existe beaucoup de traductions françaises, allemandes et anglaises. C'est, du reste, par le seul mérite de sa grande ancienneté que cet ouvrage se recommande, car on n'y trouve ni parties intéressantes ni analyses des débuts pratiqués alors. Pour rencontrer un Traité plus complet, il faut descendre jusqu'en 1495, époque à laquelle s'imprima le « Libre dels jochs partitis del Scachs, » en nombre de 100, par *Francesch Vicent*. Presque en même temps, parut un petit in-folio de 237 pages, écrit également en langue espagnole, par *Lucena*, et portant le titre de : « Repeticion de amores e arte de axedres con CL Juegos de partido. » Cet ouvrage est extrêmement rare et n'a pas été traduit ; il contient surtout de très belles fins de parties : parmi les maximes que Lucena donne, il s'en trouve de fort plaisantes ; par exemple il dira : « Si vous jouez le soir, à la lueur d'une seule chandelle, mettez-la du côté de la main gauche, parce que votre vue en sera moins gênée ; dans le jour, placez votre adversaire en face de la lumière, ce sera pour vous un grand avantage, etc., etc. » Un fait curieux, qui se rattache à l'ouvrage de Lucena, c'est que, pour la première fois, nous trouvons dans ses études la marche des pièces telle qu'elle est de notre temps, sauf quelques petites différences insignifiantes. Ceci augmente de beaucoup la valeur du vieux Traité, car dans tous les manuscrits qui le précèdent, on rencontre invariablement les lois et les mouvements du jeu oriental le Shatrang, sur lequel M. D. Forbes vient de donner les renseignements les plus complets : on peut conclure de là que les changements qui se sont opérés dans la marche de la Dame et du Fou ont pris naissance en Espagne.

Après Lucena, dans l'ordre chronologique, vient le Portugais *amiano*, dont le Traité a été imprimé deux fois, en 1512 et en 1524.

Le titre est : « Libro da imparare giocare a Scachi : et de belitis simi Partiti revisti et recorretti. Con somma diligêtia emêdati da moiti famosissimi giocatori. In lingua Spagnola et Taliana. Novamente stampato. »

L'ouvrage consiste en dix chapitres : il s'y trouve d'abord des règles et observations générales, ensuite différentes ouvertures, même pour les parties à avantage ; un choix de « Giochi et partiti » ou problèmes, et enfin un chapitre sur la manière de jouer aux Échecs sans voir. Les six courts chapitres sur les débuts sont dignes du plus grand éloge, quoique, selon toute probabilité, ils ne soient pas entièrement originaux. Pendant longtemps le Traité de Damiano fut considéré comme le meilleur que l'on connût sur les Échecs.

En 1561 parut le « Libro de la Invencion liberal y arte del juego del Axedrez, etc., » par Ruy-Lopez de Sigura, prêtre espagnol. L'ouvrage est un in-4° de 300 pages, très rare, qui renferme, sur les ouvertures, une théorie bien plus étendue que le Traité de Damiano ; il y en a quelques-unes de fort ingénieuses, et entre autres le Gambit célèbre qui porte le nom de Ruy-Lopez. Une foule d'auteurs éminents ont puisé dans cet ouvrage.

Puis *Horatio Gianutio della Mantia*, 1597, écrit le « Libro nequale si tratta della maniera di giocare a Scacchi, » imprimé à Turin ; c'est un ouvrage qu'on peut difficilement se procurer et dont la rareté fait presque tout le prix.

Au commencement du xviie siècle apparut le Traité remarquable de *Salvio*. Il était Italien et l'un des maîtres de son temps. Son livre, intitulé : « Il Puttino, » contient une histoire des Échecs et des joueurs d'Échecs d'un haut intérêt ; en outre il donne des débuts, même à avantage, et des parties qui, toutes, sont admirablement jouées et mettent au jour la rare fertilité de son génie. L'ouvrage de Salvio fut publié en 1604 ; les éditions suivantes sont de 1618, 1634 et 1723 : bien supérieur à tout ce qui l'a précédé, il est à peine inférieur aux productions modernes. La connaissance que nous avons du génie inventif de son auteur fait regretter qu'il n'existe pas une collection des parties jouées entre lui et les joueurs célèbres de son temps.

L'auteur le plus important qui succède à Salvio est *Don Carrera*, Sicilien d'origine. Sa laborieuse compilation (in-4° de 600 pages) parut en 1617. Elle consiste dans un historique des Échecs et des joueurs d'Échecs, la description des pièces, les parties à avantage, les parties à but, les fins de parties, une foule de règles et de conseils sur la manière de jouer ; mais on ne peut pas placer Carrera bien haut parmi les auteurs sur les Échecs, parce qu'il y a beau-

coup d'erreurs et peu d'invention dans ses parties : certains passages, cependant, valent examen ; d'autres, s'ils ne sont pas très
instructifs, sont assez amusants.

1680. — Le Traité de *Greco* sur les Échecs est certainement de
tous les livres d'Échecs celui qui contient le plus grand nombre de
parties brillantes ; mais il y a cela à dire que, comme le côté victorieux fait souvent le premier mauvais coup (qui devient bon parce
que l'adversaire n'en tire pas immédiatement profit), il court le
risque de perdre, ce qu'aucun bon joueur ne doit faire, excepté
contre un antagoniste de force inférieure ; toutefois, l'étude de ces
parties est très profitable, et toutes ne sont pas critiquables au
même degré, parce qu'elles ouvrent l'esprit à beaucoup d'idées nouvelles ; ajoutons que la manière d'attaquer de Greco est ordinairement parfaite. Il y a plusieurs éditions françaises de Greco ; M. Lewis
a publié une édition anglaise où les parties sont mises en bon ordre
et annotées avec talent. Greco est né dans la Calabre, en Italie. Il
était d'une très humble extraction et, comme beaucoup de ses prédécesseurs, il compta entièrement pour vivre sur son talent aux
Échecs.

Environ dans le même temps que Carrera publiait son ouvrage,
Auguste, duc de Brunswick, faisait paraître un nouveau traité.
Il fut imprimé en Allemagne, à Leipsick en 1616, sous le pseudo-
nyme de *Gustavus Selenus* : le livre est un in-4º de 500 pages
et très peu répandu. Au milieu d'un fatras de choses inutiles on dit
qu'il s'y trouve des aperçus très-ingénieux.

Le *capitaine Bertin* publia, en 1735, un livre sur les Échecs, petit
in-8º de 78 pages seulement. On trouve là un premier exemple du
« Gambit des trois Pions, plus connu sous le nom de Gambit de
Curmin Gharre. » Pour conclure quelques remarques d'utilité pratique l'auteur fait la réflexion suivante : Je voudrais bien, dit-il,
pouvoir donner des règles qui fissent éviter les *absences*. »

Philippe Stamma vient ensuite, 1737-1745. Sur 100 de ses « parties
désespérées, » il y en a une vingtaine qui sont remarquablement
belles, et bien d'autres sont dignes d'être connues ; mais plusieurs
sont fausses et sont reproduites deux fois. Son début favori était le
Gambit de la Dame, qu'il déclare être *la meilleure manière d'ouvrir son jeu.*

Nous touchons à la période la plus brillante de la littérature des
Échecs avant nos jours. En 1749 *Philidor* publiait la 1ʳᵉ édition de
son analyse du Jeu des Échecs ; à l'époque où ce livre parut on
connaissait peu d'ouvrages traitant des Échecs ; il fut donc considéré comme le *nec plus ultra* des Traités, et, même aujourd'hui, il
passe aux yeux d'un bon nombre pour contenir tout ce qu'il y a

d'important sur le sujet. Certes, si l'on se reporte au temps où il a été écrit, ce livre mérite de grands éloges, principalement à cause de ses notes qui sont correctes et instructives; mais les travaux d'Ercole del Rio, de Lolli et de Ponziani, les contemporains de Philidor, ont, sans contredit, élargi le code de la science.— La théorie des fins de partie lui doit la première analyse qui ait été faite du mat de la Tour et du Fou contre la Tour : celle qui a trait au mat de la Dame, contre Tour et Pion, est également admirable. Philidor excellait à faire manœuvrer les Pions, et son système est basé sur eux, il les appelle l'*âme du jeu des Échecs ;* La Bourdonnais, au contraire, a inauguré une méthode plus hardie qui consiste à tout sacrifier, Pièces et Pions, à l'effet d'obtenir une attaque décisive.

Un an après l'apparition de « l'Analyse, » en 1750, un Traité intitulé : « Observations pratiques et théoriques sur le Jeu des Échecs, » fut publié à Modène. « L'auteur, dit Sarratt, désira cacher son nom, et il est difficile de donner une raison satisfaisante de cet acte de modestie, car il est hors de doute que la publication a le plus grand mérite et une utilité réelle. » Pendant de longues années l'auteur de ce livre fut connu sous le nom de : « l'*Anonyme de Modène.* » Mais on sait aujourd'hui que *Ercole del Rio* en est l'auteur. *Giambatista Lolli* commenta l'œuvre de del Rio; son volume contient 632 pages, le titre est : « Osservazioni teorico-pratiche sopra il Giuoco degli scacchi, ossia il Giuoco degli scacchi esposto nel suo miglior lume eta Giambatista Lolli; » l'impression en fut faite à Bologne en 1763; ouvrage rare. C'est donc dans ce Traité que Lolli incorpora celui de l'anonyme de Modène après l'avoir enrichi de notes où il montre une patience et un soin extraordinaires; malheureusement les parties données par l'auteur italien nous sont de peu d'utilité dans la pratique à cause de la différence dans la manière de roquer : à la fin du volume se trouvent une centaine de positions critiques, les unes originales, le reste choisi dans différents auteurs : elles sont bien supérieures à la célèbre collection de Stamma. Tout amateur d'Échecs qui désire exceller dans « le Jeu incomparable » devrait avoir un exemplaire de Lolli, et il pourrait l'étudier et l'étudier encore, et y puiser comme à une source intarissable de plaisir et d'instruction. — Une première édition de l'ouvrage de *Ponziani* fut publiée à Modène en 1769, sous le titre de : « Il Giuoco incomparabile degli scacchi sviluppato con nuovo metodo per condurre chiunque colla magior facilità dai primi elementi sino alle finezze piu magistrali. » En 1782, une deuxième édition, revue et corrigée, fut publiée aussi à Modène; elle donne le nom de l'auteur, sig. Avvocato Domenico Canonico Ponziani. Cette édition est devenue extrêmement rare. Le plan de Ponziani est excellent; il ne permet jamais à celui qui joue les Pièces noires, auquel il s'adresse, de faire aucun mauvais coup, mais il lui montre comment prendre avantage des fautes de l'adversaire ; son système de notation est commode, il a été adopté depuis par d'autres. Après avoir traité des ouvertures, il expose les mats les plus usuels, les positions de Pions seulement et, enfin, donne une série de 50 positions de gain ou de nullité composées par Ercole del Rio et par lui-même, qui sont magnifiques ; les 20 derniers n'ont pas de solution, mais M. Lewis les a insérés dans son volume, sur les problèmes d'Échecs : tel est l'ouvrage de Ponziani, certainement un des plus profonds et des mieux écrits qu'il y ait.

En 1766 le comte *Carlo Cozio* publia, à Turin, un assez long volume : « Il Giuoco elegli scacchi, osia nuova idea d' attachi clifese, e partiti del Giuoco degli scacchi. Opera divisa in quattro libri, composta i al conte Carlo Cozio, nobili parizio della citta di Casale Monteferrato. Coll' aggiunta in fine d' altre difese scritte dal medesimo Autore dopo la compositione del libro. In Torino. Nella Stamperia Reale. »

« Le *Traité des Amateurs*, » Paris, 1775-1786, fut rédigé par les plus forts joueurs qui fréquentaient alors le café de la Régence : c'étaient Bernard, Carlier, Léger et Verdini (ce dernier était considéré, dit-on, par Philidor, comme le meilleur joueur d'Europe, après lui). Le principal mérite de l'ouvrage consiste dans ses notes, qui sont nombreuses et instructives; plusieurs de ses fins de partie sont d'excellents modèles et, en somme, il occupera toujours un rang honorable dans la bibliothèque des Échecs, quoiqu'il soit au-dessous de ce qu'on pourrait espérer de la collaboration de joueurs aussi éminents.

Citons, en passant, deux ouvrages peu connus. « Le Nouvel Essai sur le Jeu des Échecs, avec des réflexions militaires, relatives à ce jeu, par *Stein*, 1789, » et « la Supériorité aux Échecs mise à la portée de tout le monde, et particulièrement des dames, qui aiment cet amusement..., avec un volume de planches pour l'explication des coups, et un Échiquier avec des pièces dans un goût nouveau, par *Craf Tuylen Van Nievelt*, 1792. » La devise de l'ouvrage est : Du bon sens! du bon sens !

Dans le cours de l'année 1795, *Johann Allgaier*, de Vienne, joueur d'une habileté considérable, publia un ouvrage sur le Jeu d'Échecs qui fut très apprécié en Allemagne; une 5e édition en a paru en 1823 ; au dire d'un des ses compatriotes, c'est le meilleur livre qui ait été écrit par un Allemand (1) ; ce livre est cependant inférieur dans bien

(1) Avant la publication du livre par excellence, le Handbuch de MM. Von Bilguer et Von der Laza.

des endroits, et l'auteur ne semble pas avoir connu les meilleurs écrivains. Il se montre partisan trop outré de l'école de Philidor, trouvant, ainsi que lui, qu'il est fautif de sortir le Cavalier en avant des Pions, ce qui n'empêche pas qu'il soit souvent obligé de le faire lui-même. Indépendamment d'une analyse des débuts, l'ouvrage contient une quantité de notes utiles, de remarques, de lois générales, etc.

Peter Pratt, 1799 : The Theory of chess. Studies of chess containing Caïssa a poem by sir W. Jones, a systematic introduction to the game and the whole analysis of chess by Philidor, with original remarks. 1803.

J. F. W. Koch, 1801. « Die Schachspielkunst. » Coder der Schachspielkunst, 1813. — Elemen tarbuch der Schahspielkunst, 1828. Ces trois ouvrages ont été imprimés à Magdebourg.

En 1808 J. H. Sarratt, joueur anglais d'une extraordinaire habileté, publia un livre en 2 vol. où il prétend donner une méthode systématique d'attaque et de défense, ainsi que la manière convenable de jouer les Pions à la fin de la partie. L'ouvrage se vendit beaucoup en Angletterre, et on ne le trouve plus dans le commerce. Quand il parut on l'estima très haut à cause des matières neuves qu'il passait pour contenir, maintenant on sait qu'il y a là peu d'invention et que Sarratt, qui connaissait les Traités de Ponziani, d'Ercole nel Rio, etc., ne s'est fait aucun scrupule d'y puiser, sans indiquer les sources comme il l'aurait dû. Les positions de Pions, au nombre de 20, sont très instructives.

Les autres ouvrages de Sarratt sont :

— A new treatise or the game of chess upon a plan of progression improvement hither to uhettempted. Lond. 1821.

— The works of Damiaho, Ruy Lopez and Salvio, containing also several original games and situations by the editor. Lond. 1813.

— The works of Gianutio and Gustavus Selenus... translated and arranged, by J. H. Sarratt. Lond. 1817.

1814-1856. A partir de ce moment, la littérature des Échecs prend une extension considérable en Angleterre et en Allemagne, et la théorie du jeu y est développée avec une perfection et dans une manière scientifique qui rejette bien loin en arrière les travaux des anciens auteurs. Le nombre des livres et des publications de toute sorte qui s'accumulent chaque année est si considérable que nous arrêterons ici notre esquisse bibliographique. Les principaux écrivains anglais sont, suivant l'ordre chronologique : MM. Lewis, John Cochrane, Georges Walker, Howard Staunton et Kling et Horwitz (les deux derniers Allemands d'origine). En Allemagne et en Russie il faut citer : H. Silberschmidt, Von Jaenisch, Von Petroff,

P. Rudolph Von Bilguer et Heydebrand Von der Laza, un des auteurs du « Handbuch, » le meilleur Traité qu'il y ait sur le Jeu des
Échecs. — La France, quoique dans une moindre mesure, a aussi
produit quelques bons ouvrages : il y a l'Encyclopédie d'Alexandre,
le Traité de Labourdonnais, le Palamède et la Régence, et enfin un
Traité élémentaire précédé de mélanges historiques, par le comte de
Basterot, 1853.

NOTICE

SUR QUELQUES JOUEURS CÉLÈBRES DES XVIe ET XVIIe SIÈCLES.

Dans la seconde moitié du xvie siècle, vivait à Rome, sous le
pontificat de Grégoire XIII, un jeune étudiant surnommé « Il Puttino, » à cause de sa petite taille et dont le vrai nom était *Leonardo
da Cutri.* Ce jeune homme, négligeant de bonne heure ses études de
droit, s'adonna tout entier à la pratique du Jeu des Échecs et, quoiqu'il fût encore bien jeune, il devint le premier joueur de Rome. Or,
il advint que le célèbre Ruy Lopez visita Rome à ce moment, dans
l'espoir d'obtenir du pape un bénéfice qui se trouvait vacant. En-
tendant parler du talent de Leonardo, il désira se mesurer avec
lui, et ces deux grands joueurs passèrent en effet deux jours à com-
battre, mais l'expérience du prêtre espagnol l'emporta sur l'audace
imprudente du jeune Calabrais : Leonardo fut complétement battu.
Humilié de sa défaite, Il Puttino quitta Rome et se retira à Naples,
où il se mit à travailler les Échecs avec ardeur pendant deux années; et alors, pensant qu'il pourrait se venger de Lopez, il résolut
d'aller à sa rencontre. Toutefois, avant de quitter l'Italie, il fit une
série de parties avec un joueur d'une force extraordinaire, qui était
venu à Naples, dans le dessein de jouer contre lui : c'était Paolo
Boi (le Syracusain). Leur rencontre se fit chez un gentilhomme où
Leonardo avait l'habitude de jouer fréquemment; ils ne se connaissaient point et cela donna lieu à une scène très intéressante. Lorsque Boi entra, il paraît que Leonardo jouait avec son hôte, et la
partie, qui avait tout l'air d'être forcément gagnée par Leonardo
devait être nulle. Après qu'il eût gagné, Leonardo dit au prince
qu'aucun autre qu'un excellent joueur n'était capable d'annuler la
partie parce que les coups de la défense étaient extrêmement diffi-

ciles. Boi, qui regardait l'Échiquier, dit alors qu'il entreprendrait de le faire : on rétablit la position et Leonardo se remit en place, convaincu d'avance du succès ; mais Boi, qui avait analysé les coups, joua correctement et annula la partie , au grand étonnement de son adversaire.— Apprenant à qui il venait d'avoir affaire, le Syraracusain dit à Leonardo qu'il avait ouï parler de sa renommée et était venu tout exprès pour jouer avec lui : celui-ci en fut enchanté, et, séance tenante, ils se mirent à commencer un match (les choses se passent bien différemment de nos jours!). Paolo Boi, qui avait le trait, joua le gambit du Roi, Leonardo prit et défendit son Pion... Après avoir joué souvent ensemble, ils se séparèrent, chacun ayant gagné le même nombre de parties. — A son arrivée à Cutri, lieu de sa naissance, Léonardo apprit que son frère et plusieurs de ses compatriotes avaient été faits prisonniers par un pirate. Il s'occupa aussitôt de racheter sa liberté ; le corsaire convint d'une rançon de 200 ducats, mais pendant que d'autres discutaient la rançon de leurs amis, Leonardo considérait avec délices un Échiquier placé sur le pont : le capitaine lui demanda s'il savait jouer au Échecs, et Leonardo ayant répondu que oui, ils commencèrent à jouer pour 50 scudi la partie. Leonardo gagna, non-seulement la rançon de son frère, mais 200 ducats de plus. Le capitaine, qui était beau joueur, paya le plus honnêtement du monde et il engagea même vivement le vainqueur à l'accompagner à Constantinople, où il ne pourrait manquer, disait-il, de faire fortune : mais Leonardo refusa.

Chose curieuse, une aventure à peu près semblable arriva à Paolo Boi, car, ayant été fait prisonnier par un Algérien et vendu comme esclave à un Turc qui était grand amateur d'Échecs, il gagna une somme considérable à son maître, qui lui rendit sa liberté et lui fit un présent de 2,000 secchini.

Grâce à l'argent du corsaire, il fut facile à Leonardo de se rendre en Espagne. Il partait accompagné de *Giulio Cesare de Lanciano* qui, plus tard, occupa le premier rang parmi les joueurs d'Échecs de Rome. Sur sa route il triompha de maint adversaire. A Lisbonne il battit un joueur en grande réputation nommé *Il Moro*, sous les yeux du roi Sébastien, qui le décora du titre de Cavaliere errante et le combla de présents. Arrivé à Madrid, il se rendit à l'endroit où se réunissaient les joueurs d'Échecs et trouva Lopez jouant contre un amateur auquel il rendait Pion et trait. Quelqu'un lui proposa de jouer avec Lopez, il répondit qu'il jouerait à but pour 50 scudi la partie : les *habitués* du lieu furent stupéfaits de l'audace d'un pareil défi. Une première partie fut jouée et se termina par la remise. Leonardo ne voulut pas gagner dans la première séance, ils se quittèrent donc sans autre résultat. Le second jour Leonardo eut l'avance d'une partie (1).

Le bruit s'en répandit par la ville, et le troisième jour il y avait grand concours de spectateurs. Il Puttino ne voulut cependant pas montrer toute sa force et gagna ce jour-là une seule partie de plus que Lopez. Ensuite il joua avec *Girone*, qui était de la même force que Lopez, et le battit de la même manière; mais quand Lopez et Girone se consultaient, ils étaient bien de force contre Leonardo. Philippe II ayant été informé de tout cela, ne voulut pas croire que Lopez avait été battu, et, en conséquence, il fixa un jour où ils devraient jouer devant lui, et promit une récompense de 1,000 scudi au vainqueur. Leonardo perdit exprès les deux premières parties; ce que voyant, le roi supposa qu'il était inférieur à Lopez et voulut quitter la place, mais Leonardo pria Sa Majesté de rester, disant qu'il avait volontairement perdu ces parties afin de mieux faire éclater sa supériorité en gagnant les trois parties suivantes sans trop de difficulté. Et il le fit effectivement; et le roi fut si satisfait de lui que non-seulement il lui donna les 1,000 scudi, mais qu'il lui fit don aussi de bijoux et de fourrures précieuses.— Après avoir conquis ce puissant patronage, l'heureux Leonardo poursuivit sa vie errante, recueillant partout de la gloire jusqu'au jour où, visitant le palais du prince Bisignano, en Calabre, il fut empoisonné par la main d'un envieux rival : il était âgé de 46 ans.

Paolo Boi, lui aussi, fit le voyage d'Espagne. En Italie il s'était attiré l'affection de beaucoup de grands personnages, et Pie V lui offrit un bénéfice ecclésiastique, à la condition qu'il entrerait dans les ordres, mais il ne voulut pas y consentir. Philippe II lui donna le revenu de certains offices de la ville de Syracuse représentant une valeur de 500 scudi par an. Il eut l'honneur de jouer contre le roi de Portugal dom Sébastien, et l'on cite, comme une marque de la faveur royale, qu'une fois le roi s'étant établi au jeu, et le Syracusain (ainsi qu'il le devait), le genou à terre sur un coussin, ayant joué pendant longtemps, et désirant se reposer, le roi l'aida à se relever pour se remettre sur l'autre genou. — Ainsi, en honneur près des souverains, Boi fut très recherché par la noblesse de Sicile, de Rome

(1) S'il faut en croire certains détails de la biographie des joueurs de ce temps, le Jeu d'Échecs se jouait très vite, en comparaison de la manière dont on le pratique de nos jours. Je me souviendrai toujours d'avoir pris part à une partie par consultation, jouée à Leamington, et d'y être resté trois jours et presque trois nuits pour faire trois parties, dont une seule est assez bien jouée de part et d'autre : la dernière séance dura 19 heures! Il est vrai que M. W. a passé, dit-on, dans une autre occasion, 2 heures 53 minutes à méditer un coup.

et de Naples, et il fut magnifiquement traité partout où il passa.
gagna 8,000 scudi dans un seul jour, à Lisbonne. Il visita la Hongrie
et la Turquie, et revint en Sicile vingt ans après l'avoir quittée. Il
mourut empoisonné par son domestique, à l'âge de 70 ans; ses
obsèques furent célébrées en grande pompe en présence du prince
de Stigliano et d'autres seigneurs napolitains.

Leonardo et Paolo Boi étaient de la même force aux Échecs,
quoique leur jeu brillât par des qualités différentes. Il y avait peut-
être plus de profondeur et de solidité chez Il Puttino, mais il jouait
plus lentement, tandis que Paolo Boi était l'élégance et la promp-
titude mêmes. Salvio raconte qu'après la première rencontre dont
nous avons donné le récit, les deux célèbres Italiens jouèrent, à
Madrid, pendant trois jours entiers. Les deux premières séances
ne donnèrent l'avantage ni à l'un ni à l'autre; mais Leonardo gagna
dans la troisième, parce que Boi était souffrant. Ils jouèrent ensuite
à Naples, sans pouvoir se gagner; et tout porte à croire qu'ils
étaient parfaitement égaux entre eux et supérieurs à tous les autres, et ceux-là n'étaient rien moins que don Salvator Albino,
Thomas Caputa, don Horatio Paterno, don Blasco Isfar, Zerone et
Medrano (deux Espagnols célèbres pour leurs parties sans voir),
don Girolamo, signor Mauro, don Mariano Marano, Gianutio, don
Alessandro Salvio, et don Pietro Carrera!...

Salvio, dit M. de la Lasa, et son ami Gio Demenico de Leonardis,
auquel Philippe III fit une pension de 200 scudi, ainsi que Giovan
Domenico di Arminio, à Rome, furent les dignes successeurs des
Boi, des Leonardo et des Cesare, dans un siècle qui vit briller, à
Paris, un autre Italien, le fameux Calabrois, mort avant 1634. C'est
ce dernier qui, suivant le témoignage de Salvio, gagna, à Paris,
5,000 scudi. Il joua contre le duc de Nemours, MM. Arnaud, Chau-
mont et la Salle; ensuite il se rendit en Angleterre, où on le vola,
et où il faillit perdre la vie.

RÈGLES DU JEU.

Nous les donnons telles qu'elles se trouvent rédigées dans l'ouvrage de Lewis, traduit par Witcomb. Sauf quelques modifications, on les applique aujourd'hui dans la plupart des cercles, en France, en Allemagne et en Angleterre; mais une révision devient nécessaire; ces règles renferment des anomalies, des erreurs, et sont incomplètes sur beaucoup de points. Parmi les autorités modernes, MM. Staunton, H. von der Laza et Jaenisch se sont vivement préoccupés, dans ces derniers temps, de fondre en un seul code les lois diverses du jeu, pour ramener enfin, malgré l'extrême difficulté d'une réforme semblable, toutes les écoles de l'Europe à l'observance d'une règle uniforme.

I. L'Échiquier doit être disposé de telle sorte que la case angulaire, à gauche de chaque joueur, soit une case noire. Si l'Échiquier a été mal placé, on devra le remettre dans la bonne position avant que le quatrième coup ait été joué de part et d'autre, mais non après.

II. Si une pièce quelconque a été mal placée au commencement de la partie, l'un ou l'autre joueur peut insister pour que l'erreur soit rectifiée, s'il la découvre avant de jouer son quatrième coup, mais non après.

III. Si un joueur, au commencement de la partie, oublie de placer toutes ses pièces sur l'Échiquier, il lui sera permis de réparer l'omission avant d'avoir joué son quatrième coup, mais non après.

IV. Si un joueur, voulant rendre une pièce quelconque à son adversaire, oublie de l'ôter de l'Échiquier, son adversaire, après que quatre coups ont été joués de chaque côté, **a** le choix ou de continuer ou de recommencer la partie.

V. Quand il n'y a pas de pièces rendues, chacun des joueurs doit jouer·alternativement le premier coup, et le sort doit désigner celui qui commencera la première partie. Quand la partie est nulle, celui qui l'a commencée doit jouer le premier coup de la partie suivante.

VI. Quand un des joueurs rend une ou plusieurs pièces à son adversaire, il a le droit de jouer le premier, à moins d'une convention contraire.·Quand un Pion est rendu, c'est toujours le Pion du Fou du Roi.

VII. Une pièce touchée doit être jouée, à moins que le joueur, au moment de la toucher, ne dise « *j'adoube* » ou d'autres mots dans ce sens; mais si une pièce est déplacée ou renversée par accident, elle peut être remise à sa place.

VIII. Tant qu'un joueur n'ôte pas son doigt de la pièce qu'il a touchée, il est libre de la mettre partout, excepté dans la case d'où il l'a tirée, mais l'ayant quittée du doigt, il ne peut pas remettre son coup.

IX. Si un joueur touche une des pièces de son adversaire sans dire « *j'adoube*, » ou un autre mot dans ce sens, son adversaire peut l'obliger de la prendre ; mais si les règles du jeu s'opposent à ce qu'elle soit prise, il peut l'obliger à jouer son Roi ; si cependant le Roi est placé de manière à ne pouvoir pas changer de place, aucune peine ne peut être infligée.

X. Si un joueur déplace une des pièces de son adversaire, celui-ci a le droit de l'obliger : 1° à remettre cette pièce à sa place et à jouer son Roi ; 2° à remettre la pièce et à la prendre ; 3° à laisser la pièce à la case à laquelle on l'avait placée, comme si le coup eût été exact.

XI. Si un joueur prend une des pièces de son adversaire avec une de ses propres pièces, qui ne puisse pas la prendre suivant les règles du jeu, son adversaire peut le forcer, ou de prendre cette pièce avec une des siennes, si elle est en prise, ou de jouer sa propre pièce touchée.

XII. Si un joueur prend une de ses propres pièces avec une autre de ses pièces, son adversaire peut, à son choix, l'obliger à jouer l'une ou l'autre de ces pièces.

XIII. Si un joueur fait une fausse marche, c'est-à-dire s'il place une de ses pièces sur une case à laquelle on ne peut la placer suivant la règle, son adversaire peut, à son choix, le forcer, ou de laisser la pièce à la case sur laquelle il l'aurait placée, ou de la mettre, selon les règles du jeu, sur une autre case, ou de remettre la pièce à sa place et de jouer son Roi.

XIV. Si un joueur joue hors de son tour, son adversaire a le droit d'exiger ou que les deux coups restent, ou que le second soit remis.

XV. Quand on joue un Pion pour la première fois dans une partie, on peut l'avancer d'une ou de deux cases ; mais dans ce dernier cas, l'adversaire a le privilége de le prendre en passant avec un Pion qui aurait pu le prendre si on l'avait avancé d'une case seulement. Un Pion ne peut être pris en passant que par un autre Pion.

XVI. Un joueur ne peut pas roquer dans les cas suivants :

1° Si le Roi ou la Tour ont été joués ;

2° Si le Roi est en échec ;

3° S'il y a une pièce entre le Roi et la Tour ;

4° Si le Roi est obligé de traverser une case attaquée par une des pièces de son adversaire.

Si un joueur roque dans un des cas sus-mentionnés, son adversaire peut le forcer ou de laisser subsister le coup ou de jouer sa Tour.

XVII. Si un joueur touche une pièce qu'il ne peut jouer sans laisser son Roi en échec, il est tenu de remettre cette pièce à sa place et de jouer son Roi ; mais si le Roi ne peut changer de place, la faute sera sans conséquence.

XVIII. Si un joueur, sans dire *échec*, attaque le Roi de son adversaire, celui-ci n'est pas obligé d'y faire attention ; mais si le premier, en rejouant, dit *échec*, chaque joueur est tenu de remettre son dernier coup, et celui dont le Roi est échec doit le mettre à couvert.

XIX. Si le Roi a été en échec pendant que plusieurs coups ont été joués, sans qu'on sache comment la chose est arrivée, celui dont le Roi est en échec doit remettre à couvert son Roi ; mais si les coups qui ont suivi l'échec sont connus, on doit les remettre tous.

XX. Si un joueur dit *échec* sans le donner, et que son adversaire joue en conséquence son Roi, ou touche une pièce ou un Pion pour le mettre à couvert, celui-ci sera libre de remettre son coup, pourvu que son adversaire n'ait pas complété son coup suivant.

XXI. Tout Pion qui parvient à la huitième ou dernière case de l'Échiquier, doit être immédiatement échangé contre une Reine, ou toute autre Pièce que le joueur voudra, dût même l'Échiquier avoir toutes ses pièces au complet. Il suit donc de là qu'il peut avoir deux ou plusieurs Reines, trois Tours, trois Fous, trois Cavaliers et même davantage.

XXII. Si un joueur reste, à la fin d'une partie, avec Tour et Fou contre Tour, ou avec deux Fous seuls, un Cavalier et un Fou, etc., il doit faire mat son adversaire en cinquante coups, autrement, la partie sera réputée nulle. Les cinquante coups commencent à partir du moment où l'adversaire annonce qu'il va les compter. Cette règle s'applique également à tous les cas où il s'agit de faire mat avec des pièces seules, telles que la Reine ou une Tour, la Reine contre une Tour, etc., etc.

XXIII. Si un joueur s'engage à faire mat avec telle pièce ou tel Pion, désigné sur une case fixée d'avance, ou s'il entreprend de forcer son adversaire à le faire pat ou mat, il n'est pas restreint à un nombre limité de coups.

XXIV. Le pat est une partie nulle.

XXV. Si un joueur fait une fausse marche, roque d'une manière illégitime, etc., etc., son adversaire doit l'avertir de cette irrégularité avant de toucher à une pièce ou à un Pion, autrement il ne lui sera pas permis d'infliger de peine.

XXVI. Si une question s'élève à laquelle les règles ne fournissent aucune solution, ou s'il s'élève une discussion relativement à quelque règle, les joueurs doivent soumettre la difficulté aux plus habiles et aux plus désintéressés des assistants, et leur décision doit être considérée comme définitive.

CONSEILS ET OBSERVATIONS.

Le Roi. — Roquez, et de préférence du côté du Roi, pour mettre votre Roi à l'abri. Evitez alors de pousser deux pas le Pion du Cavalier ou celui de la Tour.

Si le Roi est en échec, il vaudra souvent mieux le ranger que de couvrir. Prenez bien garde aux *échecs à la découverte*. Un défaut des joueurs inexpérimentés est de donner échec dès qu'il s'en présente l'occasion; au lieu de gagner du temps, un échec fait mal à propos favorise le jeu de l'adversaire; il sera très utile d'empêcher le Roque en déplaçant le Roi par un échec. Lorsque les Reines sont échangées, et en général dans toute fin de partie, le Roi doit être amené en plein Échiquier pour soutenir les Pions.

La Reine. — Elle est exposée à l'attaque des pièces secondaires, si vous la sortez trop tôt; d'ailleurs sa puissance s'accroît tellement par la coopération des autres pièces, qu'il est presque toujours mauvais de former une attaque avec elle seule. Ne l'éloignez pas du centre de l'action.

La Tour. — Mettez vos Tours en communication, prenez possession des lignes ouvertes : quand une de vos Tours pourra se jouer à la septième case, elle gênera beaucoup l'ennemi, surtout si son Roi est dans ladite rangée.

Les Fous. — Lorsque le Pion du Roi a été poussé deux pas de part et d'autre, le Fou du Roi a quelque supériorité sur celui de la Reine ; il se met d'ordinaire à la 4e case du Fou de la Dame, où il menace le Pion du Fou du Roi adverse. — En plaçant vos Pions sur des cases blanches, s'il vous reste un Fou noir, vous empêchez le Roi de les atteindre ; mais dans une partie compromise, vous ferez sagement de les garder sur les cases que le Fou peut défendre.

Les Cavaliers. — La position naturelle du Cavalier du Roi est à la 3e du Fou. Le Cavalier de la Dame sera très bien posté à la 3e du Cavalier du Roi. — Un Cavalier est surtout une pièce d'attaque ; *il ne gagne jamais de temps, c'est-à-dire qu'on ne saurait le faire parvenir indifféremment sur une case donnée en un nombre de coups pairs ou impairs.* Avec des Pions, un Cavalier est préférable au Fou. Tâchez d'avancer avec vos Cavaliers au milieu du jeu adverse ; la 5e case du Fou du Roi est bonne pour eux, si le Roi a roqué avec sa Tour.

Les Pions. — Philidor pensait que la manière de jouer les Pions était l'*âme* même du *Jeu d'Échecs*. Faites en sorte qu'ils ne gênent pas la sortie de vos pièces, et cependant enferment celles de l'adversaire. Il est avantageux d'en établir deux au centre. Un Pion poussé au delà de la 5e case est difficile à défendre. Les Pions sont bien plus forts unis que séparés. Ne craignez pas de doubler un Pion, si c'est pour ouvrir des lignes d'attaque ou fortifier le centre, ou gagner du temps. Le Pion de la Tour du Roi doit souvent être poussé un pas au commencement de la partie. Un Pion passé est de la plus haute importance.

———

Aux Échecs, c'est moins le nombre des pièces que leur position qui décide de la partie, et le plus fort joueur est celui qui sait concentrer rapidement ses forces sur le point faible de l'ennemi.

Jouez toute sorte de débuts ; il existe des vaniteux qui étudieront une ouverture et ne joueront jamais que celle-là ; ils s'exposent à jouer tout seuls.

Observez strictement la règle.

Quand votre partie est absolument désespérée, abandonnez-là de bonne grâce. Accoutumez-vous aux Noirs comme aux Blancs.

La partie ne sera intéressante pour les deux joueurs qu'autant qu'elle sera égale; si vous êtes le plus faible, acceptez un avantage. Je suppose que vous receviez la pièce, on vous offre le Gambit; votre plus sûre tactique est de jouer le Pion du Roi un pas.

Mettre les doigts sur l'Échiquier n'est pas permis.

La lenteur systématique se rencontre malheureusement chez une foule de joueurs; réservez pour les cas exceptionnels ce travail d'analyse qui dénature le caractère du jeu; mais pas de précipitation folle.

De très grands joueurs d'Échecs n'ont jamais ouvert un livre; je citerai M. Des Chapelles; il ne s'ensuit pas que vous deviez mépriser la théorie, car êtes-vous certain de trouver dans votre tête la *science infuse?* Regardez les belles parties. Vous dites : à quoi bon étudier telle et telle position qui ne se représentera jamais? D'abord vous prenez un très vif plaisir à découvrir la solution d'un problème difficile, et soyez convaincu que vos efforts seront très fructueux puisqu'ils vous permettront de raisonner sur d'autres positions, par analogie; aussi voit-on les personnes qui se livrent à la recherche des problèmes, les trouver beaucoup plus vite que des amateurs d'une force supérieure à la leur, mais indifférents.

La galerie a le droit de parler et de juger quand un des joueurs lui fait appel; autrement, elle doit garder le silence. On a parfois des voisins fort incommodes, qui discutent vos coups, les blâment et même dérangent les pièces, sans s'inquiéter s'ils pourront rétablir la partie; ces aimables gens s'éloignent enfin, mais ils sont hors d'eux-mêmes et n'ont pas le temps de vous adresser des excuses.

Une des beautés des Échecs consiste en ce que deux commençants de même force portent au jeu autant d'intérêt que s'ils étaient initiés à ses mystères. Et même leur plaisir est peut-être plus complet que celui qu'éprouvent de très bons amateurs qui, ayant surmonté les difficultés, ne trouvent plus d'antagonistes pour lutter avec eux, et qui, engageant leur réputation à chaque partie, souffrent davantage du moindre revers.

La contre-attaque est une excellente manière de se défendre. Vous ferez bien d'échanger les pièces dans trois cas : 1° pour rompre une attaque, 2° quand votre jeu est resserré ou disséminé, 3° et si vous êtes supérieur en force ; seulement, dans ce dernier cas, conservez de quoi faire le mat. Avant d'attaquer, examinez si vous êtes suffisamment couvert, saisissez le *moment juste*, courez sus au Roi ; vous avez deux avantages à prendre l'offensive, la force morale et la vision plus nette. Tout le monde sait qu'à l'escrime, il faut être de première force pour jouer le jeu de parade et saisir l'instant où l'adversaire se découvre.

Celui qui veut faire des progrès doit toujours rechercher les parties difficiles ; qu'importe que vous gagniez un joueur auquel vous pouvez rendre la pièce ? Mais si, ayant affaire à quelqu'un de plus exercé, vous réussissez à enlever légitimement une partie, cela vous profitera plus que d'en avoir perdu trois contre ce même joueur.

Sachez découvrir si votre ennemi a de la préférence pour les Fous ou pour les Cavaliers ; il lui arrivera de gâter sa partie pour éviter un échange utile.

Faites de votre mieux ; pas d'illusions ; restez de sang-froid dans la bonne comme dans la mauvaise fortune ; mais, *sans*

le feu sacré, vous ne ferez que des parties plates, incor-
rectes, inanimées.

Quand on ne peut pas gagner, il faut viser à la nullité.

vous perdez une partie qui vous avait coûté de grands
efforts, étudiez-la en particulier jusqu'à ce que vous vous
rendiez compte du coup qui a fait gagner l'adversaire.

Il est mauvais de jouer beaucoup de parties de suite. —
Une partie ordinaire devrait durer à peine deux heures.

DU

JEU DES ÉCHECS.

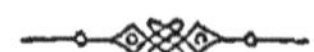

CHAPITRE PREMIER.

DESCRIPTION DE L'ÉCHIQUIER ET DES PIÈCES. — TERMES
TECHNIQUES. — LOIS DU JEU. — OBSERVATIONS.

Le Jeu d'Échecs est joué par deux personnes, sur une table de
soixante-quatre cases alternativement blanches et noires. L'usage
veut que l'Échiquier soit placé de manière à ce que chaque joueur
ait une case blanche au coin de droite.

Diag. N. 1.   Noirs.

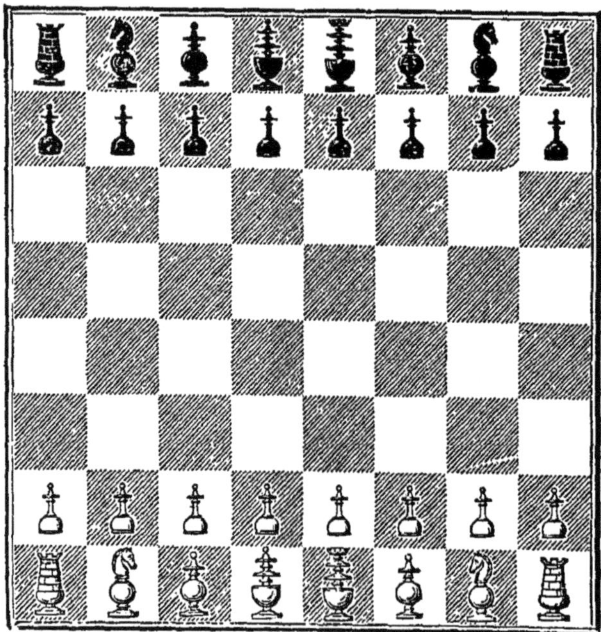

Le Diagramme (n. 1) représente la position des pièces avant le commencement de la partie.

Il est bon de se rappeler que la Dame se place toujours sur une case de sa couleur.

Les huit pièces de chaque côté sont :

Le ROI.	Roi blanc		Roi noir.	
La DAME.	Dame bl.		Dame n.	
Deux TOURS	Tour bl.		Tour n.	
Deux FOUS	Fou bl.		Fou n.	
Deux CAVALIERS . .	Cav. bl.		Cav. n.	

Et chacune de ces pièces est

précédée d'un . . . . . P. bl.   et d'un P. n.

Les pièces du côté du Roi s'appellent : Fou du Roi, Cavalier du Roi, Tour du Roi; celles du côté de la Dame : Fou, Cavalier, Tour de la Dame. Les Pions sont désignés d'après la pièce de leur colonne; ainsi l'on dit : le Pion du Roi, le Pion du Cavalier, le Pion de la Dame, etc. Une *colonne* est la suite de cases qui va d'un joueur à l'autre; le *rang* ou la *rangée* s'entend d'une ligne de huit cases horizontales ; la diagonale parcourt les cases de même couleur.

MARCHE DES PIÈCES.

Le Roi fait un pas dans toutes les directions, de sorte qu'en le supposant placé à une case autre que celles de la bande, il peut jouer sur l'une des huit cases qui l'entourent. Le Roi doit se garantir de l'*échec*, soit en se déplaçant, soit en se couvrant d'une pièce ou d'un Pion ; quand il ne peut faire ni l'un ni l'autre, il est ce qu'on appelle *mat*. Les deux Rois ne doivent jamais se toucher, car ils seraient *mutuellement en échec*. Dans le cas du *roque*, le Roi franchit deux cases du côté de la Tour.

La Dame réunit la marche de la Tour et celle du Fou; elle se meut en avant, en arrière et diagonalement, à droite et à gauche. On n'est pas tenu d'annoncer échec à la Dame.

La Tour va dans toute l'étendue de l'Echiquier sur les lignes droites.

Le Fou se meut obliquement dans tous les sens.

Le Cavalier fait un pas oblique et un second en ligne droite ; c'est la seule pièce qui puisse passer par-dessus une autre.

Diagr. N. 2.   Marche du Cavalier.

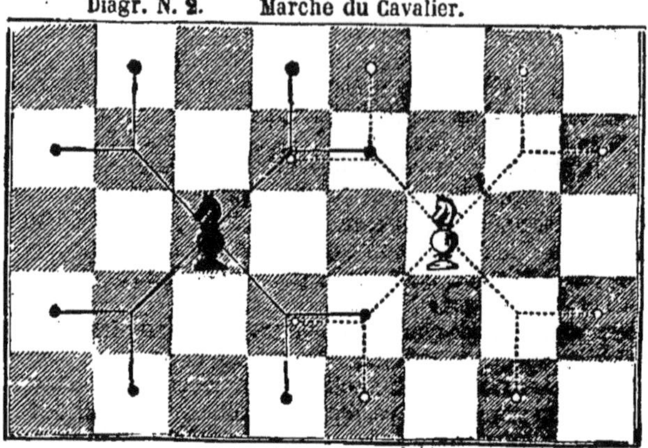

Le Pion marche dans sa colonne un pas à chaque coup ; mais la première fois qu'on joue un Pion, on a la faculté de *le pousser deux pas*.

NOTATION.

Il y a deux espèces principales de notation : la première, où l'on emploie des lettres et des chiffres *conventionnels* ; la seconde, qui est *descriptive* des coups par *abréviation*. Philidor prend pour point de départ le côté de l'Échiquier où se trouvent les Blancs, et, remontant les rangées jusqu'au jeu des Noirs, les numérote par 1, 2, 3, 4, 5, 6, 7, 8 ; puis de gauche à droite, désigne les huit colonnes par les lettres *a, b, c, d, e, f, g, h*, de manière à ce que chaque case soit couverte par un chiffre et une lettre.

Blanc.	Le Pion du Roi deux pas.	e. 2. c. 4
Noir.	Le Pion du Fou de la Dame deux pas.	c. 7. c. 5.
Blanc.	Le Pion du Fou du Roi deux pas	f. 2. f. 4.
Noir.	Le Pion du Roi un pas	c. 7. c. 6.
Blanc.	Le Cavalier du Roi à la 3e case de son Fou . .	g. 1. f. 3.
Noir.	Le Pion de la Dame deux pas	d. 7. d. 5.
Prendre	s'écrit.	o
Echec	—	+
Roquer	avec la Tour du Roi	o—o
—	avec la Tour de la Dame.	o—o—o

Ce système a été employé par beaucoup d'auteurs ; on le trouve notamment dans l'*Encyclopédie* d'Alexandre, dans le *Handbuch* allemand, et dans les ouvrages du major Jaenisch : il est en vogue aujourd'hui par toute l'Allemagne. C'est à la fois ce qu'il y a de plus simple, de plus complet et de plus universel, et il est à désirer que les *traités scientifiques* soient écrits à l'avenir dans cette langue.

Mais voici venir M. Kieseritsky et son système lexicographique (*Combinatorische Zifferweise*). Les pièces sont désignées, en partant de la Tour de la Dame, par les majuscules A, B, C, D, E, F, G, H, et les Pions, dans le même ordre, par *a*, *b*, *c*, *d*, etc. L'Echiquier se numérote de 11 à 18 au premier rang ; de 21 à 28 pour le deuxième ; 41 à 48 pour le quatrième, et ainsi de suite. La pièce (ou le Pion) qui joue est indiquée au moyen de la case où elle se pose ; l'échec s'écrit ✕ , et prendre — , suivi de la lettre qui représente la pièce prise.

Une autre méthode consiste à suivre en zig-zag les 64 cases de l'Echiquier, et l'on commence toujours par la première case à gauche du jeu des Blancs ; cette notation ne présente aucun avantage.

Il existe un grand nombre d'autres méthodes artificielles dont il est inutile de s'occuper ici.

Le double but de toute notation par signes conventionnels est de sténographier les parties et de les rendre intelligibles universellement ; la seule notation allemande nous semble avoir réuni les deux avantages, mais il lui reste son cachet hiéroglyphique, objet d'insurmontable répugnance pour la majorité des amateurs, qui ne voient dans le Jeu d'Échecs qu'un passe-temps et non une science ; nous avons donc adopté pour ce traité, destiné à se répandre en France, la notation que les articles de l'*Illustration* y ont popularisée, et qui ne le cède à aucune autre en clarté et en concision.

La partie suivante familiarisera le lecteur avec les abréviations employées dans cet ouvrage.

B.	**N.**
1 Pion à la 4e case du Roi.	Pion à la 4e case du Roi.
P. 4e R.	P. 4e R.
2 Pion à la 4e case du Fou du Roi	Pion prend le Pion.
P. 4e F. R.	P. pr. P.
3 Cavalier à la 3e case du Fou du Roi.	Pion à la 4e case du Cavalier du Roi.
C. 3e F. R.	P. 4e C. R.
4 Pion à la 4e case de la Tour du Roi.	Pion à la 5e case du Cavalier du Roi.
P. 4e T. R.	P. 5e C. R.
5 Cavalier à la 5e case du Roi.	Cavalier à la 3e case du Fou du Roi.
C. 5e R.	C. 3e F. R.
6 Fou à la 4e case du Fou de la Dame.	Pion à la 4e case de la Dame.
F. 4e F. D.	P. 4e D.
7 Pion prend le Pion.	Fou à la 3e case de la Dame.
P. pr. P.	F. 3e D.
8 Pion à la 4e case de la Dame.	Cavalier à la 4e c. de la Tour du Roi.
P. 4e D.	C. 4e T. R.
9 Cavalier pr. le Pion du Cavalier.	Cavalier à la 6e case du Cavalier.
C. pr. P. C.	C. 6e C.

10 Tour à la case du Cavalier du Roi.	Dame pr. le Pion de la Tour du Roi.
T. c. C. R.	D. pr. P. T. R.
11 Cavalier à la 2e c. du Fou du Roi.	Dame à la 2e case du Roi. (Echec.)
C. 2e F. R.	D. 2e R. (Ech.)
12 Fou à la 2e case du Roi.	Roi roque.
F. 2e R.	*Roque.*
13 Cavalier à la 3e c. du Fou de Dame.	Tour à la case du Roi.
C. 3e F. D.	T. c. R.
14 Cavalier à la c. de la Tour du Roi.	Cavalier prend le Fou.
C. c. T. R.	C. pr. F.

Les Blancs abandonnent.

Ainsi cette notation consiste à écrire en abrégé :

Le Roi, R.; la Dame, D.; la Tour, T.; le Cavalier, C.; le Fou, F.; un Pion, P.; Echec, *éc.*; A la découverte, *déc.*; Double, *dble*; une Case, *c.*; Prendre, *pr.*, etc. Au lieu de la vieille formule *le Pion du Roi, deux pas*, nous disons : *le Pion à la quatrième du Roi;* et lorsque ce Pion jouera dans le courant de la partie, nous saurons où il est, sans avoir besoin de l'Echiquier, ce qui est d'une grande utilité pratique. Le Diagramme suivant expliquera la désignation des cases.

Diag. N. 3. Noirs.

TD	CD	FD	D	R	FR	CR	TR
c. TD. / 8e TD.	c. CD. / 8e CD.	c. FD. / 8e FD.	c. D. / 8e D.	c. R. / 8e R.	c. FR. / 8e FR.	c. CR. / 8e CR.	c. TR. / 8e TR.
2e TD. / 7e TD.	2e CD. / 7e CD.	2e FD. / 7e FD.	2e D. / 7e D.	2e R. / 7e R.	2e FR. / 7e FR.	2e CR. / 7e CR.	2e TR. / 7e TR.
3e TD. / 6e TD.	3e CD. / 6e CD.	3e FD. / 6e FD.	3e D. / 6e D.	3e R. / 6e R.	3e FR. / 6e FR.	3e CR. / 6e CR.	3e TR. / 6e TR.
4e TD. / 5e TD.	4e CD. / 5e CD.	4e FD. / 5e FD.	4e D. / 5e D.	4e R. / 5e R.	4e FR. / 5e FR.	4e CR. / 5e CR.	4e TR. / 5e TR.
5e TD. / 4e TD.	5e CD. / 4e CD.	5e FD. / 4e FD.	5e D. / 4e D.	5e R. / 4e R.	5e FR. / 4e FR.	5e CR. / 4e CR.	5e TR. / 4e TR.
6e TD. / 3e TD.	6e CD. / 3e CD.	6e FD. / 3e FD.	6e D. / 3e D.	6e R. / 3e R.	6e FR. / 3e FR.	6e CR. / 3e CR.	6e TR. / 3e TR.
7e TD. / 2e TD.	7e CD. / 2e CD.	7e FD. / 2e FD.	7e D. / 2e D.	7e R. / 2e R.	7e FR. / 2e FR.	7e CR. / 2e CR.	7e TR. / 2e TR.
8e TD. / c. TD.	8e CD. / c. CD.	8e FD. / c. FD.	8e D. / c. D.	8e R. / c. R.	8e FR. / c. FR.	8e CR. / c. CR.	8e TR. / c. TR.

Blancs.

EXPLICATION DES TERMES TECHNIQUES.

J'ADOUBE.

Expression qui signifie : « J'arrange, je replace, » et que l'on prononce pour toucher une pièce qu'on n'a pas l'intention de jouer. (*Voy.* Loi vii.)

COUP JUSTE, COUP FORCÉ.

Le coup *juste* est le coup parfait. On appelle coup *forcé* le seul mouvement que puisse faire un joueur.

COUVRIR.

Se dit de l'interposition d'une pièce lorsque le Roi est en échec.

L'ÉCHANGE.

Si un joueur prend une Tour pour un Fou ou un Cavalier, *il gagne l'échange.*

ÉCHEC.

Le Roi est *en échec* toutes les fois qu'il est attaqué : comme la loi fondamentale du Jeu empêche qu'il puisse être pris, on est tenu de signaler le danger en criant : *Échec*, et le joueur est alors dans la nécessité ou de parer l'échec en couvrant, ou de prendre la pièce qui le menace, ou de se ranger. Quand il ne peut faire aucune de ces choses, il est *échec et mat.* L'échec *à la découverte* a lieu quand on démasque une pièce qui fait échec; il y a *double échec* lorsque deux pièces font échec en même temps; l'*échec perpétuel* arrive lorsque l'adversaire reçoit des échecs successifs sans pouvoir se mettre à l'abri. La partie doit être abandonnée comme nulle.

EN PRISE.

Mettre une pièce *en prise*, c'est l'exposer à être capturée.

GAMBIT.

Le mot italien *gambetto* veut dire croc-en-jambe : un Gambit est une ouverture où l'on sacrifie un Pion, quelquefois une pièce, pour obtenir une attaque. On les a distingués souvent par le nom de leur auteur, comme le Gambit de Salvio, le Cunningham, le Muzio, l'Allgaier.

MAT.

Le Roi est *mat* lorsqu'il lui est impossible de se garantir de l'échec.

MAT ÉTOUFFÉ.

Se donne avec le Cavalier, quand le Roi se trouve bloqué par ses propres pièces.

MAT DE L'ÉCOLIER OU DU BERGER.

	B.	N.
1	P. 4e R.	P. 4e R.
2	F. 4e F.	F. 4e F.
3	D. 3e F.R.	P. 3e D.
4	D. pr. P.F. (Ec.).	Mat.

Ce n'est pas le plus rapide : en voici un en deux coups.

1	P. 3e F. R.	P. 4e R.
2	P. 4e C. R.	D. mat.

Connaissez-vous le mat de Légal?

1	P. 4e R.	P. 4e R.
2	C. 3e F. R.	P. 3e D.
3	F. 4e F.R.	P. 3e T.R. *(faible.)*
4	C. 3e F. D.	F. 5e C.
		(Voilà la faute.)
5	C. pr. P.R.	F. pr. D.
		(La tentation est irrésistible.)
6	F. pr. P. (Ec).	R. 2e R.
7	C 5e D. (Ec.).	Mat.

Ce sont là de ces *coups de jarnac* auxquels vous ne vous laisserez pas prendre deux fois.

MATCH.

Une des acceptions du mot anglais *match* correspond à ce que nous appelons une joûte, un défi. Si donc vous convenez de faire contre tel joueur un certain nombre de parties pour un enjeu quelconque, vous établissez un match : d'une ville à une autre, ce seront des match *par correspondance;* de cercle à cercle, dans le même lieu, des match *par consultation.*

OPPOSITION.

Manœuvre qui consiste à se tenir à un nombre de cases impair du Roi adverse, et dont peut dépendre le gain de la partie.

OUVERTURE.

Une *ouverture* ou *début* s'entend des premiers coups d'une partie.

PARTIE REMISE.

Une *remise* résulte :

1o De l'échec perpétuel ;

2o De l'insuffisance des forces ;

3o De l'inhabileté ; lorsqu'un joueur n'a pas pu faire le mat en 60 coups. (*Voy.* L. xxii);

4o De la répétition des mêmes coups ;

5o Du Pat.

PASSAR BATTAGLIA (1).

Il s'agit de la prise des Pions *au passage*. Lorsqu'un Pion a été poussé à la 5e case, et qu'un Pion ennemi use du droit d'avancer deux pas, ce premier a le privilége de *prendre en passant* sur la case qu'il commande.

PAT.

Lorsque le Roi ne peut pas jouer sans se mettre en échec et qu'aucun de ses soldats ne peut jouer à sa place, il est *pat*, et la partie est nulle.

PION COIFFÉ.

L'explication se trouve à la page

PION DOUBLÉ, A DAME.

Quand **deux** Pions de même couleur se trouvent sur la même colonne, le premier est un *Pion doublé*. Mener un Pion *à Dame*, c'est faire parvenir ce Pion à la 8e case.

PION PASSÉ.

Un Pion est dit *passé* s'il n'a devant lui, ni dans sa colonne ni dans celles avoisinantes de droite et de gauche, aucun Pion en‑nemi.

PIONS UNIS, ISOLÉS.

Les Pions sont *unis* quand ils sont à portée de se défendre; *isolés*, dans le cas contraire.

ROQUER.

Le *roc* s'effectue du côté du Roi en plaçant le Roi à la case du Cavalier, et la Tour du Roi à la case du Fou; du côté de la Dame, en plaçant le Roi à la case du Fou de la Dame, et la Tour de la Dame à la case de la Dame. Les Italiens admettent une grande va‑riété dans le roc. (*Voy.* L. XVI.)

UN TEMPS.

Vous *perdrez un temps* en faisant un coup inutile; on *gagne un temps* quand on oblige son adversaire à jouer un mauvais coup.

LE TRAIT.

Celui qui joue le premier a le *trait*.

(1) Lire à ce sujet les observations critiques du major Jaenisch dans son « Analyse nouvelle, » ou dans le « Commentaire des Règles du Jeu d'Echecs, » Note 27.

CHAPITRE II.

DES OUVERTURES (1).

Débuts ouverts.

Quand le Pion du Roi a été poussé deux pas au 1er coup par
l'un et l'autre joueur, il arrive, en général, que la partie prend une
sorte de vive et franche allure qui vous entraîne; les combinaisons sont plus hardies, le choc est violent, et l'on ouvre assez son
jeu de part et d'autre pour n'avoir pas à compter sur les retranchements. De là cette dénomination sous laquelle nous classerons
les *Débuts du Pion du Roi deux pas*, de même que nous qualifie-
rons de *Débuts fermés* ceux où l'on commence par le Pion de la
Dame ou par le Pion d'un des Fous. Mais il ne faudrait pas croire
que ce premier coup suffise absolument pour donner à une partie
son caractère; c'est ainsi que la défense Philidor et la défense hon-
groise ont un rapport évident avec les *Débuts fermés*, tandis qu'au
contraire il y a des ouvertures irrégulières qui donnent aussitôt
naissance aux parties les plus animées.

DÉBUT DU CAVALIER DU ROI.

		Blancs.	Noirs.
1.	1	P. 4e R.	P. 4e R.
	2	C. R. 3e F.	*P.* 3e *F. R.* (*Mauvais.*)
	3	C. pr. P. R.	P. pr. C.
	4	D. 5e F. R. (Ec.)	

C'est ce qu'on appelle le *Gambit de Damiano*.

		Blancs.	Noirs.
2.	1	P. 4e R.	P. 4e R.
	2	C. R. 3e F.	*F. R.* 3e *D.* (*Très mauvais.*)
	3	F. 4e F. D.	C. R. 3e F.
	4	P. 4e D.	

(1) Au lieu de consacrer à cette division, si essentielle dans un *Traité sur les
Échecs*, l'espace considerable que presque tous les auteurs lui accordent, nous
avons préféré ne donner ici qu'une simple *classification* des débuts, pensant que
leur analyse nous obligerait à dépasser de beaucoup les bornes très étroites de
notre travail : nous nous proposons de publier, plus tard, un Traité plus complet
dans lequel chaque ouverture sera développée jusqu'aux limites de la science
moderne : un tel ouvrage manque encore en France, et il en résulte que la connaissance des débuts est bien moins familière chez nous qu'en Angleterre, en
Italie et surtout en Allemagne. Nous reconnaissons qu'il est intéressant de com-
bler au plus tôt cette lacune, mais alors il faut le faire aussi scientifiquement que
possible : car on ne peut pas dire que les commençants soient absolument dépour-
vus de guides, mais seulement que les Traités écrits par nos compatriotes sont
plus ou moins incomplets.

3.
1. P. 4e R. — P. 4e R.
2. C. R. 3e F. — *D. 3e F. R.* (*Faible.*)
3. F. R. 4e F. D.

4.
1. P. 4e R. — P. 4e R.
2. C. R. 3e F. — *P. 3e D.* (*Bon.*)
3. P. 4e D.

Le deuxième coup des Noirs constitue la défense Philidor.

5.
1. P. 4e R. — P. 4e R.
2. C. R. 3e F. — *C. R. 3e F.* (*Bon.*)

Ici, le second joueur, au lieu de défendre son Pion, attaque celui de l'adversaire; on désigne ce début sous le nom de *Défense Pétroff*. — Dans une célèbre partie par correspondance entre Paris et Pesth, les amateurs français jouèrent ce coup et perdirent, mais la défense n'en est pas moins très sûre.

6.
1. P. 4e R. — P. 4e R.
2. C. R. 3e F. — *F. R. 4e F. D.* (*Mauvais.*)
3. C. pr. P. R. — D. 2e R.
4. P. 4e D.

7.
1. P. 4e R. — P. 4e R.
2. C. R. 3e F. — *P. 4e F. R.* (*Hasardeux.*)

Ce Contre-Gambit, dans la partie du Cavalier du Roi, est attribué au Calabrois.

8.
1. P. 4e R. — P. 4e R.
2. C. R. 3e F. — *P. 4e D.* (*Peu sûr.*)
3. P. pr. P. — D. pr. P.

9.
1. P. 4e R. — P. 4e R.
2. C. R. 3e F. — *C. D. 3e F.* (*Usuel.*)
3. F. R. 4e F. D. — F. R. 4e F. D.

Enfin, les Noirs peuvent soutenir leur Pion avec le Cavalier de la Dame, et si les Blancs jouent au troisième coup leur Fou du Roi à la 4e du Fou de la Dame, les Noirs font de même, et l'on arrive au début auquel les Italiens ont donné le nom de « *Giuoco Piano.* »

10.
1. P. 4e R. — P. 4e R.
2. C. 3e F. R. — C. 3e F. D.
3. F. 4e F. D. — *C. 3e F. R.* (*Dangereux.*)
4. C. 5e C. R. — P. 4e D.
5. P. pr. P. — C. pr. P.
6. C. pr. P. — R. pr. C.
7. C. 3e F. éch. — R. 3e R.

On nomme ce début le *Féyatello.* Les Blancs doivent gagner.

11.	1	P. 4e R.	P. 4e R.
	2	C. R. 3e F.	C. D. 3e F.
	3	F. R. 4e F. D.	F. R. 4e F. D.
	4	*P. 4e C. D.* (*Bon.*)	F. pr. P. C. D.
	5	P. 3e F. D.	F. 4e T. D.

Le quatrième coup des Blancs est la source d'une variante très remarquable du Giuoco-Piano; il est de l'invention du capitaine Evans, qui a laissé son nom à ce début.

12.	1	P. 4e R.	P. 4e R.
	2	C. R. 3e F.	C. D. 3e F.
	3	F. R. 4e F. D.	*C. R. 3e F.* (*Faible.*)

C'est la partie des deux Cavaliers.

13.	1	P. 4e R.	P. 4e R.
	2	C. R. 3e F.	C. D. 3e F.
	3	*F. R. 5e C. D.* (*Bon.*)	C. R. 3e F.

Une longue controverse s'est établie sur la valeur du troisième coup des Blancs; Ruy-Lopez, et après lui Philidor, le recommandent comme étant presque irrésistible, mais les auteurs modernes pensent qu'il n'empêche pas la sortie du Cavalier de la Dame Noire au deuxième coup; point de théorie d'une grande importance, car si l'on réussissait à établir que la défense de Philidor est la meilleure, *qu'elle est la seule*, après que chacun des joueurs a poussé le Pion du Roi deux pas au premier coup, les plus belles ouvertures, telles que le Gambit Evans et le Gambit écossais tomberaient en désuétude.— Ce début s'appelle partie du Cavalier de Ruy-Lopez.

14.	1	P. 4e R.	P. 4e R.
	2	C. R. 3e F.	C. D. 3e F.
	3	*P. 4e D.* (*Excellent.*)	C. pr. P.

Le Pion de la Dame poussé deux pas pour troisième coup des Blancs caractérise le *Gambit* dit *Écossais*.

15.	1	P. 4e R.	P. 4e R.
	2	C. R. 3e F.	C. D. 3e F.
	3	*P. 3e F. D.* (*Très solide.*)	P. 4e F. R.

Variante de la partie du Cavalier du Roi, qu'on appelle ouverture du Pion du Fou de la Dame.

DÉBUT DU FOU DU ROI.

1.	1	P. 4e R.	P. 4e R.
	2	F. R. 4e F. D.	*F. R. 4e F. D.* (*Très bon.*)
	3	P. 3e F. D.	C. R. 3e F.

Les Noirs peuvent aussi répondre par 3 D. 2e R. ou D. 4e C. R., ainsi que l'indiquent trois grands maîtres italiens Del Rio, Lollie

Ponziani; ou par P. 4e D.,de l'invention de M. Lewis, ou en jouant le C. de la D. à la 3e c. du Fou.

		B.	**N.**
Si	3	C. R. 3e F.	P. 3e D.
	»	D. 3e F.	C. R. 3e F.
	»	D. 4e C. R.	D. 3e F.
	»	D. 5e F. R.	D. 2e R.
	»	P. 4e D.	F. pr. P.
	»	*P. 4e C. D.*	F. pr. P. C.
	4	P. 4e F. R.	P. 4e D.!

Toutes ces variantes, au troisième coup des Blancs, donnent l'avantage aux Noirs.

3 D. 2e R.

Les Noirs ont trois réponses.

P. 3e D.
D. 2e R.
C. D. 3e F.

Le quatrième coup des Blancs est quelquefois alors P. 4e F. R. ce qui forme le Gambit de Lopez.

2.	1	P. 4e R.	P. 4e R.
	2	F. R. 4e F. D.	*C. R. 3e F.*
	3	P. 4e D.	P. pr. P.

Défense du Cavalier du Roi dans le début du Fou du Roi.

3.	1	P. 4e R.	P. 4e R.
	2	F. R. 4e F. D.	*P. 4e F. R.*

Ceci est le Contre-Gambit dans la partie du Fou du Roi.

LE GAMBIT DU ROI.

1.	1	P. 4e R.	P. 4e R.
	2	*P. 4e F. R.*	P. pr. P.
	3	*C. R. 3e F.*	P. 4e C. R.

Au troisième coup, le Noir peut jouer aussi

P. 4e D.
ou P. 4e F. R.

et le jeu est égal.

2.	4	F. R. 4e F. D.	F. 2e C. R.
	5	P. 4e D.	P. 3e D.
	1	P. 4e R.	P. 4e R.
	2	P. 4e F. R.	P. pr. P.
	3	C. R. 3e F.	*F. R. 2e R.*
	4	F. R. 4e F. D.	F. 5e F. (Ec.).

Cette ingénieuse défense est due à M. Cunningham ; au lieu de soutenir le Pion du Gambit, il fait jouer le Fou à la 2e du Roi, pour donner échec au coup suivant et déranger le Roi adverse. Ou bien le Blanc interposera un Pion, et le Noir le prendra avec avantage.

		B.	**N.**
3.	1	P. 4e R.	P. 4e R.
	2	P. 4e F. R.	P. pr. P.
	3	C. R. 3e F.	P. 4e C. R.
	4	F. R. 4e F. D.	P. 5e C. R.
	5	C. 5e R.	D. 5e T. R. (Ec.).
	6	R. C. F.	*C. R. 3e F.*

Le sixième coup des Noirs est donné dans l'ouvrage de Salvio, qui indique aussi C. 3e T. R. : on appelle ceci le *Gambit de Salvio*.

4.	1	P. 4e R.	P. 4e R.
	2	P. 4e F. R.	P. pr. P.
	3	C. R. 3e F.	P. 4e C. R.
	4	F. 4e F. D.	P. 5e C. R.
	5	C. 5e R.	D. 5e F. R. (Ec.).
	6	R. C. F.	*P. 6e F. R.*

Celui-ci le *Gambit Cochrane*.

5.	1	P. 4e R.	P. 4e R.
	2	P. 4e F. R.	P. pr. P.
	3	C. R. 3e F.	P. 4e C. R.
	4	F. R. 4e F. D.	P. 5e C. R.
	5	*Roque.*	P. prend C.
	6	D. pr. P.	D. 3e F. R.

Dans les deux débuts précédents (3. 4.), le Cavalier blanc se porte à la 5e case du Roi, après qu'il a été attaqué par le Pion du Cavalier du Roi noir, ce qui permet aux Noirs de former une contre-attaque très importante et, dans certaines variantes, mortelle. De là vint l'idée d'abandonner le Cavalier, pour pouvoir roquer et développer rapidement son jeu : Salvio rapporte que ce coup extraordinaire lui fut révélé par signor Muzio. Le *Gambit Muzio* a longtemps passé pour invincible, mais il existe cependant une défense parfaite dans ce début, et qui donne l'avantage aux *Noirs*.

1	P. 4e R.	P. 4e R.
2	P. 4e F. R.	P. pr. P.
3	C. R. 3e F.	P. 4e C. R.
4	F. R. 4e F. D.	P. 5e C. R.
5	*P. 4e D.*	P. pr. C.

Déviation du Muzio ordinaire, de l'invention du lieutenant-colonel Donpo. Koch et Ghulam-Kassim en ont donné l'analyse.

6.

	B.	N.
1	P. 4e R.	P. 4e R.
2	P. 4e F. R.	P. pr. P.
3	C. R. 3e F.	P. 4e C. R.
4	F. R. 4e F. D.	P. 5e C. R.
5	*C. D.* 3e *F.*	P. pr. C.
6	D. pr. P.	P. 4e D.

Mac Donnell, le célèbre antagoniste de Labourdonnais, est l'auteur de cette attaque.

		B.	N.
6.	1	P. 4e R.	P. 4e R.
	2	P. 4e F. R.	P. pr. P.
	3	C. R. 3e F.	P. 4e C. R.
	4	*P. 4e T. R.*	P. 5e C. R.
	5	C. 5e C.	P. 3e T. R.

Nous arrivons au Gambit d'Allgaier. Dans les précédents débuts, les Blancs sortaient au quatrième coup leur Fou du Roi; Cavalier 5e case est très faible et donne l'avantage de la position aux Noirs, mais on peut jouer aussi

5 C. 5e R.

et presque tous les auteurs se sont accordés à dire que la meilleure réponse des Noirs était

P. 4e T. R.

Cependant, des analyses toutes récentes ont établi que ce coup est insuffisant, et que le meilleur jeu des Noirs consiste à sortir le Cavalier du Roi à la 3e du Fou.

		B.	N.
7.	1	P. 4e R.	P. 4e R.
	2	P. 4e F. R.	P. pr. P.
	3	*P. 4e T. R.*	F. R. 2e R.
	4	D. 4e C. R.	P. 4e D.

Les Noirs auront, dans la suite, la meilleure partie : ceci est le Gambit du Pion de la Tour du Roi.

		B.	N.
8.	1	P. 4e R.	P. 4e R.
	2	P. 4e F. R.	P. pr. P.
	3	*F. R.* 4e *F. D.* (*Beau et sûr.*)	D. 5e T. R. (*Ec.*).
	4	R. C. F.	P. 4e C. R.
	5	C. D. 3e F.	F. R. 2e C. D.
	6	C. R. 3e F.	D. 4e T. R.
	7	P. 4e T. R.	P. 3e T. R.
	8	P. 4e D.	P. 3e D.

Ce début, l'un des plus beaux qu'il y ait, comporte, ainsi que le Muzio, un nombre de variantes si considérable, qu'il nous est impossible de les indiquer ici, quelqu'importantes qu'elles soient, nous nous bornerons à dire que MM. Mac Donnell, Pétroff, Jaenich et Schulten ont enrichi cette ouverture remarquable de coups profonds et ngénieux, dont la conclusion paraît être « qu'il n'y a pas moyen, pour le second joueur, de conserver le Pion du Gambit dans la partie du Gambit du Fou du Roi. » Ainsi, la défense indiquée plus haut serait mauvaise, et il faudrait répondre au troisième coup

P. 4e D.

ou   C. R. 3e F.

ou trouver une réplique inconnue jusqu'à présent. Les auteurs anciens connaissaient le Gambit du Fou du Roi, mais ils étaient loin d'en avoir découvert toutes les beautés.

		B.	N.
0.	1	P. 4e R.	P. 4e R.
	2	P. 4e F. R.	F. 4e F. D.
	3	C. R. 3e F.	P. 3e D.
	4	P. 3e F. D.	F. 5e C. R.

Les Noirs ont aussi la facilité de refuser le Gambit, mais ils se mettent dans une position certainement inférieure pour le cas qui précède. La variante que nous allons indiquer amène partie égale.

	B.	N.
1	P. 4e R.	P. 4e R.
2	P. 2e F. R.	P. 4e D.
3	P. pr. P. D.	P. pr. P. F. R.
4	F. 5e C. D. (Ec.).	F. 2e D.
5	D. 2e R. (Ec.)	D. 2e R.
6	C. 3e F. D.	C. 3e F. R.
7	F. pr. F. (Ec.).	C. D. pr. F.
8	P. 4e D.	Roque.
9	D. pr. D.	F. pr. D.
10	F. pr. P.	C. D. à sa 3e.

Le Gambit se refuse de bien d'autres manières; par exemple (no 2) P. 3e D., C. D. 3e F., P. 3e F. D., D. 3e F. R., D. 5e T. (Éc.).

Débuts fermés.

GAMBIT DE LA DAME.

		B.	N.
2.	1	P. 4e D.	P. 4e D.
	2	P. 4e F. D.	P. pr. P.
	3	P. 3e R.	P. 4e R.
	4	F. R. pr. P.	P. pr. P. D.
	5	P. pr. P.	C. R. 3e F.
	6	C. D. 3e F.	F. R. 3e D.
	7	C. R. 3e F.	C. D. 3e F.
	8	Roque.	Roque.

Nous entrons maintenant dans une série de débuts moins ouverts que ceux où chaque joueur pousse à son premier coup le Pion du Roi deux pas. Au lieu d'avoir à se perdre dans un nombre presque illimité de variantes, l'attention se concentre ici sur des lignes d'attaque et de défense inflexibles comme les rails d'un chemin de fer : tout est précis et solide, les combinaisons tendent surtout à prendre meilleure position sur l'Échiquier, et, conséquence assez étrange, ces débuts, qu'on peut qualifier de fermés, engagent néanmoins la lutte sur tous les points, tandis qu'un Gambit royal resserre l'action, pour la rendre, il est vrai, plus brillante et plus décisive. Les parties entre La Bourdonnais et Mac Donnell et celles entre MM. Staunton et Saint-Amant resteront comme les modèles du genre.

Le deuxième coup donné plus haut constitue le Gambit de la Dame ; il n'est pas recommandable de prendre le Pion.

Entre autres variantes :

	B.	**N.**
1	P. 4e D.	P. 4e D.
2	P. 4e F. D.	P. pr. P.
3	P. 4e R.	P. 4e F. R.
4	P. 5e R.	F. D. 3e R.

Cette défense est de l'invention de M. Schwartz, de Livonie.

1	P. 4e D.	P. 4e D.
2	P. 4e F. D.	P. 3e R.
3	C. D. 3e F.	C. R. 3e F.
4	P. 3e R.	P. 4e F. D.
5	C. R. 3e F.	C. D. 3e F.
6	P. 3e T. D.	P. 3e T. D.

Les Noirs refusent le Gambit. Les positions sont parfaitement égales.

PARTIE DU PION DU FOU DE LA DAME.

1.	1	P. 4e R.	P. 4e R
	2	P. 3e F. D.	P. 4e D
	3	C. R. 3e F	P. pr. P. R.
	4	C. pr. P. R.	F. R 3e D.
	5	C. 4e F. D.	F. D 3e R.
	6	P. 4e D.	P. pr. P. en passant.
	7	F pr. P.	

La partie est égale.

OUVERTURES IRRÉGULIÈRES.

1.	1	P. 4e R.	P. 3e R.
	2	P. 4e D.	P. 4e D.
	3	P. pr. P.	P. pr. P.
	4	P. 4e F. D.	F. R. 5e C. (Ec.).

5	F. 2e D.	D. 2e R. (Ec.).
6	D. 2e R.	F. D. 3e R.
7	P. pr. P.	F. pr. F. Ec.).
8	C. D. pr F.	F. pr. P.

La partie est égale : c'est ce qu'on appelle *Partie française.*

		B.	**N**.
2.	1	P. 4e R.	P. 4e F. D.
	2	C. R. 3e F.	P. 3e R.
	3	P. 4e D.	P. 4e D.
	4	P. pr. P. D.	P. R. pr. P.
	5	P. 4e F. D.	P. pr. P. D.
	6	P. pr. P. D.	D. pr. P.
	7	D. pr. P.	D. pr. D.
	8	C. pr. D.	F. R. 4e F. D.
	9	C. 3e C. D.	F. R. 3e C. D.
	10	F. 4e F. D.	C. R. 3e F.
	11	Roque.	

Jeu égal. Ceci est la *Partie sicilienne.* M. Jaenisch, les auteurs du *Handbuch* allemand et M. Staunton pensent que le premier coup des Noirs, P. 4e F. D., est la meilleure réponse au Pion du Roi deux pas. Les Blanc sont alors différentes manières de jouer.

C. R. 3e F.
P. 4e D.

P. 4e F. R.   }
P. 4e F. D.   } *Ces trois derniers coups*
P. 4e C. D.   }   *sont faibles.*

Et enfin :

F. R. 4e F. D.

qui a été adopté par M. Anderssen dans le grand tournoi de Lon-dres, en 1851.

3.	1	P. 4e R.	P. 4e D.
	2	P. pr. P.	D. pr. P.
	3	C. D. 3e F.	D. à sa c.
	4	P. 4e D.	F. D. 4e F. R.
	5	C. R. 3e F.	P. 3e R.
	6	F. R. 4e F. D.	

Le major Jaenisch a donné à ce début le nom de *Contre-Gambit du Centre*.

4.	1	P. 4e R.	P. 3e C. D.
	2	P. 4e D.	F. D. 2e C. D.
	3	F. R. 3e D.	P. 3e R.
	4	P. 4e F. R.	P. 4e D.
	5	P. 5e R.	P. 4e F. D.
	6	P. 3e F. D.	C. R. 3e T. R.

1	P. 4e R.	P. 3e C. D.
2	P. 4e D.	F. 2e C. D.
3	F. 3e D.	P. 3e C. R.
4	P. 4e F. R.	F. 2e C. R.
5	C. R. 3e F.	P. 3e D.

MODÈLES DU FIANCHETTO ET DE LA PARTIE DES PETITES-
CHAPELLES.

		B.	**N.**
5.	1	P. 4e D.	P. 4e F. R.
	2	P. 4e F. D.	C. R. 3e F.
	3	C. D. 3e F.	P. 3e D.
	4	F. D. 4e F. R.	P. 3e F. D.
	5	P. 3e R.	D. 2e F.
6.	1	P. 4e D.	P. 4e F. D.
	2	P. 5e D.	P. 4e R.
	3	P. 4e F. D.	P. 4e F. R.
	4	C. D. 3e F.	P. 3e D.
7.	1	P. 4e F. R.	P. 4e D.
	2	C. R. 3e F.	F. D. 5e C. R.
	3	C. R. 5e R.	F. 4e F. R.
	4	P. 4e C. R.	P. 3e R.
	5	P. 5e C. R.	P. 3e F. R.
8.	1	P. 4e F. D.	P. 4e F. D.
	2	P. 4e F. R.	P. 4e F. R.
	3	P. 3e D.	C. R. 3e F.
	1	P. 4e F. D.	P. 4e R.
	2	C. D. 3e F.	P. 4e F. R.
	3	P. 3e R.	C. R. 3e F.
	4	P. 4e D.	P. 5e R.
	5	C. R. 3e T.	

CHAPITRE III.

DES PARTIES A AVANTAGE.

Après avoir esquissé les débuts les plus importants dans les parties *à but*, où chaque joueur a toutes ses pièces, il ne sera pas sans
intérêt pour les commençants, auxquels est particulièrement destiné
cet opuscule, de dire quelques mots des *parties à avantage*. Pietro
Carrera en a donné la nomenclature dans son précieux ouvrage,
qui est traduit en anglais par M. Lewis. Nous ne nous occuperons
que de celles dont la pratique est journalière, nous bornant à les
énumérer dans l'ordre adopté par le **Chess Player's Companion**.

1. Donner le mat sur une case désignée.

2. Donner le mat avec une pièce désignée.

3. Le Pion coiffé.

L'avantage du *Pion coiffé* équivaut à celui de rendre la Dame. Il consiste à faire mat avec un Pion qui est ordinairement le Pion du Cavalier du Roi, et que l'on coiffe d'un anneau ou d'une sorte de bonnet. Ce Pion n'a pas la permission d'aller à Dame : si vous faites mat avec toute autre pièce, vous perdez la partie.

4. Donner le mat avec un Pion quelconque.

5. Compter comme perdues les parties nulles, et parier deux contre un, trois contre un, etc.

Le premier de ces avantages est équivalent à l'abandon du Pion et du Trait. Le Pat ne compte pas comme nullité. Deux contre un, c'est l'avantage de Pion et Trait entre bons joueurs, et de la pièce entre joueurs faibles.

6. Donner toutes les pièces pour avoir le droit de jouer deux coups de suite.

7. Le Roi adverse ayant, outre sa marche régulière, la puissance du Cavalier.

8. La Dame a aussi les mouvements du Cavalier.

9. Le Roc avant qu'aucune Pièce ait été jouée.

10. Qui perd gagne.

De très jolis problèmes sont construits d'après ce principe.

11. La Partie des Pions. .

On considère que la Dame vaut huit Pions (peut-être un peu moins.) Un des joueurs ôtera sa Dame de l'Échiquier et placera ses huit Pions supplémentaires où il voudra, dans sa moitié d'Echiquier : la Tour représente quatre Pions, le Fou et le Cavalier trois. MM. Deschapelles et de La Bourdonnais ont beaucoup pratiqué cette partie des Pions, qui offre de grandes facilités pour l'équilibre des forces.

12. Rendre la Dame.

13. Rendre la Tour de la Dame.

En général, et à moins d'une convention expresse, le joueur qui rend la pièce prend le trait; dans un *match*, le plus faible fera bien de viser à un continuel échange de pièces et de se renfermer dans les défenses faciles, comme celles de la partie sicilienne et de la partie française; mais si vous jouez avec l'intention d'apprendre, risquez toute sorte de débuts, pour mieux pénétrer le secret des ressources de votre adversaire; faites bon marché de l'amour-propre, né vous illusionnez pas sur l'excellence de vos combinaisons. Une partie d'échecs est une discussion où celui qui écoute bien se met dans les conditions de répondre juste. Pour pouvoir rendre la Tour à un joueur de force moyenne, il faut être parmi les premiers; entre amateurs inférieurs, cela ne tire presque pas à conséquence.

14. Rendre la Tour de la Dame en échange du Cavalier de la Dame, ou de Pion et deux traits, ou de Pion et trait.

Philidor nous a laissé des spécimen de ces parties, que l'on a abandonnées aujourd'hui malheureusement.

15. Rendre un Cavalier.

Les observations que nous avons faites plus haut (13) s'appliquent ici avec plus de force. On est dans l'habitude de donner presque indifféremment le Cavalier de la Dame ou celui du Roi.

16. Rendre le Cavalier pour le Pion et trait ou pour les deux premiers traits.

17. Pion et trois traits.

Avantage qui se fait peu parce qu'il est aussi inutile à l'instruction du joueur qui le reçoit que fastidieux pour celui qui peut le faire. Cependant, comme il a été l'objet d'une analyse, voici quelques coups d'ouverture.

(Otez le P. du F. du R.)

B.	**N.**
1 P. 4e R.	
2 P. 4e D.	
3 F. R. 3e D.	P. 3e R.
4 P. 5e R.	P. 3e C. R.
5 P. 4e T. R.	P. 4e F. D.
6 P. 5e T. R.	P. 4e C. R.
7 P. 6e T. R.	D. 2e R.
8 D. 5e T. R. éch.	D. 2e F. R.

Variante.

1 P. 3e R.	
2 F. R. 3e D.	
3 D. 4e C. R.	P. 3e R.
4 F. pr. P. T. R.	C. 3e F. R.
5 F. 6- C. R.	R. 2e R.
6 D. 5e C. R.	

Dans cette variante, si le noir joue au 3e coup P. 3e D., répondez par l'échec de la Dame à la 5e de la Tour du Roi.

18. Pion et deux traits.

Lorsque vous ne pouvez plus faire à quelqu'un l'avantage de la Pièce, c'est ordinairement à Pion et deux traits qu'il aura à se mesurer contre vous, et il arrive alors qu'ébloui par la facilité de l'attaque, votre adversaire s'imagine devoir gagner toutes les parties; c'est une grande et très commune illusion. Pour arriver à battre un joueur connaissant à fond les défenses compliquées de cette partie, il faut des années d'efforts. Nous ne saurions trop recommander aux vrais amateurs d'échecs l'étude et la pratique de la partie de Pion et deux traits; chacun y profitera, si le plus fort par la profondeur de ses premiers coups de défense parvient à amortir l'attaque, et si l'autre, ne se fiant pas à un double avantage en homme et en position, poursuit, sans témérité comme sans mollesse, son plan d'opération; mais il importe qu'il se fasse un plan : tout se tient sur l'Échiquier, et l'on ne doit être faible sur un point qu'à la condition d'amasser au bon endroit les forces qui décideront du combat.

	B.	**N.**
	(Otez le P. du F. du R.)	
1	P. 4e R.	
2	P. 4e D.	*P.* 3e *R.*
3	F. R. 3e D.	P. 4e F. D.
4	P. 5e R.	P. 3e C. R.
5	P. 4e T. R.	P. pr. P. D.
6	P. 4e F. R.	C. R. 2e R.
7	P. 5e T. R.	F. R. 2e C. R.
8	D. 4e C. R.	

Les Blancs ont une magnifique attaque. Ils peuvent aussi adopter pour leur troisième coup, P. 4e F. D., et P. 4e F. R., C. R. 3e F., C. D. 3e F., quoique avec moins d'avantage.

Variante.

	B.	**N.**
1	P. 4e R.	
2	P. 4e D.	*P.* 3e *D.*
3	F. R. 3e D.	C. D. 2e D.
4	P. 5e R.	P. 3e C. R.
5	P. 4e F. R.	F. R. 2e C.
6	P. 4e T. R.	C. D. c. F. R.
7	P. 4e C. R.	

Avec très beau jeu.

2e variante.

1	P. 4e R.	*C. D.* 3e *F.*
2	P. 4e D.	P. 4e D.
3	P. 5e R.	

	Blancs.	Noirs.
4	F. R. 3e D.	F. D. 3e R.
5	C. R. 3e F.	D. à sa 2e.
6	Roque.	Roque.
7	P. 3e F. D.	P. 3e C. R.
8	F. D. 3e R.	C. R. 3e T.
9	C. D. 2e D.	F. R. 2e C.
10	P. 4e C. D.	

Ces coups sont de La Bourdonnais. A leur 3e coup, les Blancs ont le choix entre plusieurs manières de poursuivre l'attaque. C. R. 3e F., C. D. 3e F., F. R. 3e D., P. 5e D. et P. 4e F. R. Il serait très bon, pour quiconque ambitionne de devenir fort, d'essayer l'une après l'autre les principales variantes de chaque début.

3e *Variante.*

B.	N.
1 P. 4e R.	
2 P. 4e D.	*P. 4e F. D.*
3 D. 5e T. R. éch.	*P. 3e C. R.*
4 D. pr. P. F. D.	*C. D. 3e F.*
5 P. 3e F. D.	*P. 4e R.*
6 D. 4e F.	*C. R. 3e F.*
7 F. D. 5e C. R.	

Les Blancs ont gagné un second Pion et n'ont rien perdu en position.

4e *Variante.*

1 P. 4e R.	
2 *P. 4e F. R.*	*P. 3e R.*
3 C. R. 3e F.	*P. 4e D.*
4 P. 5e R.	*P. 4e F. D.*
Blancs.	**Noirs.**
5 P. 4e D.	*C. D. 3e F.*
6 P. 3e F. D.	*D. 3e C. D.*

Les Noirs auront une bonne position.

5e *Variante.*

1 P. 4e R.	
2 *C. R. 3e F.*	*P. 4e D.*
3 P. 5e R.	*P. 4e F. D.*
4 P. 3e F. D.	*C. D. 3e F.*
5 P. 4e D.	*F. D. 5e C. R.*
6 F. R. 2e R.	*P. 3e R.*

19. Pion et trait.

Cette partie se trouve dans les plus anciens ouvrages, et tout porte à croire que les vieux joueurs d'Echecs indiens la connaissaient. L'avantage est bien moins fort que dans la partie de Pion et deux traits. Dans la partie de Pion et trait, le second joueur peut roquer le plus souvent, et la supéricrité de son ennemi consiste dans la possession d'un Pion de plus: voilà tout. Mais à Pion et deux traits, l'attaque est terrible.

(Otez P. F. R.).

1 P. 4e R.	*C. D. 3e F.*
2 P 4e D.	P 4e D.
3 P. 5e R.	F. D. 4e F. R.
Blancs.	**Noirs.**
4 F. D. 3e R.	P. 3e R.
5 C. R. 3e F.	C. R. 2e R.
6 F. R. 3e D.	F. pr. F.
7 D. pr. F.	

Les Blancs ont une forte partie. A leur deuxième coup, ils joueront quelquefois C. D. 3e F. ; en réponse à quoi les Noirs opposent
P. 4e R., ou P. 3e R., ou P. 3e D.

Variante.

B.	**N.**
1 P. 4e R.	C. D. 3e F.
2 P. 4e D. ·	*P. 4e R.*
3 P. 5e D	C. D 2e R.
4 F. D. 5e C. R.	P. 3e D.
5 F. 3e D.	P. 3e C. R.
6 P. 4e T. R.	P. 3e T. R.
7 F. R. 3e R.	F. R. 2e C. R.
8 C. R. 2e R.	C. R. 3e F.

2e *Variante.*

1 P. 4e R.	*P. 3e R.*
2 P. 4e D.	P. 4e D.
3 P. 5e R.	P. 4e F. D.
4 F. R. 3e D.	P. 3e C. R.

Les Blancs peuvent adopter au 2e coup P. 4e F. R. ou F. R. 4e F. D..
et les Noirs répliquent dans le 1er cas P. 4e D., dans le 2e D. 5e T. R,
— Ici, les Noirs jouent 2, P. 4e D.; ils ont ainsi à leur disposition
P. 3e F. D., P. 4e F. D., C. R. 2e R., et P. 3e C. R.

3e *variante.*

1 P. 4e R.	*P. 3e D.*
2 P. 4e D.	C. R. 3e F.
3 C. D. 3e F.	C. D. 3e F.
4 P. 5e D.	C. D. 4e R.
5 P. 4e F. R.	C. D. 2e F. R.
6 C. R. 3e F.	P. 4e R.

4e *variante.*

1 P. 4e R.	*C. R. 3e T.*
2 P. 4e D.	C. R. 2e F.
3 P. 4e F. R.	P. 3e R.
4 F. D. 3e R.	P. 4e F. D.
5 P. 3e F. D.	P. pr. P.
6 P. pr. P.	C. D. 3e F.
7 C. R. 3e F.	F. R. Éch.
8 C. D. 3e F.	Roque.
9 Roque.	D. 3e C.

Quelquefois aussi les Noirs répondent à leur premier coup, soit
par P. 4e F. D., soit par P. 3e C. R., qui ne valent pas les défenses
indiquées.

20. Donner le Pion pour le Trait.

21. Donner les deux premiers Traits.

Voici un exemple tiré de Lopez :

1	P. 4e R.	
2	P. 4e D.	P. 3e F. D.
3	P. 4e F. D.	P. 4e D.
4	P. R. pr. P.	P. pr. P.
5	P. pr. P.	D. pr. P.
6	C. D. 3e F.	D. c. D.
7	F. D. 4e F. R.	C. R. 3e F.

Il n'y a pas une grande différence entre les deux jeux.

o

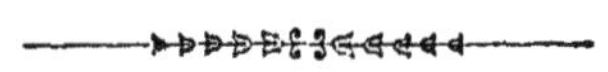

CHAPITRE IV.

EXEMPLES DE TOUTES SORTES DE PARTIES A BUT
OU A AVANTAGE.

Partie de la défense Philidor.

Monsieur de La Bourdonnais joue, sans voir l'Échiquier, contre M. Boncourt.

	B. (La B.)	N. (B.)
1	P. 4e R.	P. 4e R.
2	C. R. 3e F.	P. 3e D.
3	F. R. 4e F. D.	P. 4e F. R.
4	P. 3e D.	P. 3e F. D.
5	C. D. 3e F.	F. R. 2e R.
6	Roque.	C. R. 3e F.
7	D. 2e R.	P. 4e C. D.
8	F. R. 3e C. D.	P. 5e C. D.
9	C. D. c. D.	P. F. R. pr. P.
10	P. pr. P.	F. D. 3e T.
11	F. R. 4e F. D.	F. pr. F.
12	D. pr. F.	P. 4e D.
13	P. pr. P.	P. pr. P.
14	P. 2e R.	P. 5e R.
15	C. R. 4e D.	D. à sa 2e.
16	C. D. 3e R.	C. D. 3e F.
17	C. pr. C.	D. pr. C.
18	C. 5e F. R.	F. R. à sa c.
19	F. C. D. 3e R.	D. à sa 2e.
20	C. 4e D.	F. R. 3e D.
21	P. 4e F. R.	Roque av. T. R.
22	P. 3e T. R.	P. 4e T. R.
23	T. D. c. D.	F. R. 4e F. D.

24	P. 5e F. R.	T. D. c. R.
25	P. 4e F. D.	P. pr. P. en passant.
26	P. pr. P.	T. D. 4e R.
27	P. 4e F. D.	F. pr. C.
28	F. pr. F.	T. pr. P.
29	T. pr. T.	D. pr. T.
30	F. pr. C.	D. pr. F.
31	P. pr. P.	D. 4e R.
32	P. 6e D.	P. 6e R.
33	P. 7e D.	T. c. D.
34	D. 4e F. (Éch.)	R. 2e T.
35	T. 5e D.	D. 8e T. (Éch.)
36	R. 2e T.	P. 3e C. R.
37	D. 5e F.	D. 3e F. R.
38	D. Pr. P. R.	T. c. F. R.
39	T. 5e R.	D. à sa 3e.
40	P. 3e C. R.	T. 2e F. R.

Partie nulle.

Dans une lettre à Philidor, le philosophe Diderot lui **fait repro**che de s'adonner à la pratique d'un exercice aussi fatigant **pour** le cerveau que l'est une partie d'échecs *sans voir;* et il le conjure, au nom de l'amitié, de cesser de pareils tours de force; mais **Phili**dor jouait ainsi avec une prod'gieuse facilité. Il lui est arrivé de conduire à la fois trois parties le dos tourné, contre de bons amateurs de son temps. La Bourdonnais lutte ici contre un joueur extrêmement habile, et cette partie n'a pas peu contribué à hâter sa mort. De nos jours, MM. Harrwitz et P. Morphy ont donné le spectacle presque incroyable de quatre parties sans voir, jouées simultanément. Ceci dépasse ce qu'on rapporte de César dictant sept lettres à la fois : c'est un bel exemple de la puissance de concentration de l'esprit, exemple dont nous n'engagerions aucun de nos lecteurs à vouloir fournir de nouvelles preuves en ce genre.

Partie de la défense Pétroff, jouée, par correspondance, entre Paris et Pesth.

	B. (Pesth.)	**N.** (Paris.)
1	P. 4e R.	P. 4e R.
2	C. R. 3e F.	C. R. 3e F.
3	C. R. pr. P. R.	P. 3e D.
4	C. R. 3e F.	C. pr. P. R.
5	P. 4e D.	P. 4e D.
6	F. R. 3e D.	F. R. 3e D.
7	Roque.	Roque.
8	P. 4e F. D.	F. D. 3e R.
9	D. 2e F.	P. 4e F. R.
10	D. 3e C. D.	P. D. pr. P.
11	D. pr. P. C. D.	F. 2e F. D.
12	F. R. pr. C. R.	P. F. R. pr. F.
13	C. R. à sa 5e.	F. D. 4e F. R.
14	C. D. 3e F.	D. à sa 2e.

15	D. pr D.	C. D. pr. D.
16	C. R. pr. P. R.	F. R. 2e F. D.
17	T. R. c. R.	T. D. c. C. D.
18	T. R. 2e R.	C. 3e C. D.
19	C. R. 5e F. D.	F. R. 3e D.
20	C. R. 4e R.	F. R. 2e F D.
21	C. R. 5e F. D. (A.)	F. R. 3e D.
22	C. R. 4e R	F. R. 2e F. D.
23	C. R. 5e F. D.	F. R. 3e D.
24	C. R. 4e R.	F. R. 2e F. D.
25	C. R. 5e F. D.	F. R. 3e D.
26	C. R. 4e R.	F. R. 2e F. D.
27	C. R. 5e F. D.	F. D. 6e D.
28	T. R. 3e R.	F. D. à la 7e.
29	C. R. 6e R.	T. 2e F. R.
30	C. pr. F.	T. pr. C.
31	T. R. 2e R.	F. 6e D.
32	F. D. 4e F. R.	F. pr. T.
33	F. pr. T.	T. c. R.
34	F. pr. C.	P. pr. F.
35	T. c. R.	F. 4e T. R.
36	T. pr. T. (Éch.)	F. pr. T.
37	C. 4e R.	P. 4e C. R.
38	P. 3e T. D.	F. 3e C. R.
39	P. 3e F. R.	R. 2e F. R.
40	R. 2e F.	R. à sa 3e.
41	R. à sa 3e.	P. 3e T. R.
42	P. 4e C. R.	R. 4e D.
43	C. 2e F. D.	R. 3e D.
44	P. 4e F. R.	F. c. R.
45	P. 5e F. D.	F. D. 2e D.
46	C. 4e R.	R. à sa 2e.
47	R. 4e F. R.	F. c. R.
48	R. à sa 5e.	F. 2e F. R.
49	P. 4e T. R.	F. 4e D.
50	P. 5e C. R.	P. pr. P.
51	P. pr. P.	F. c. C. R.
52	P. Ce C. R.	

Paris abandonna.

(A) Le camp de Pesth avait gagné la première partie et il lui suf-
fisait d'annuler la seconde.

Les parties par correspondance durent des mois entiers. Un des
match les plus intéressants qui se soient joués de cette manière a
été le célèbre tournoi engagé entre les clubs de Londres et d'É-
dimbourg en 1826.

Partie du « Giuoco Piano » entre M. Horwitz et M. Staunton.

	Blancs. (M. H.)	Noirs. (M. S.)
1	P. 4e R.	P. 4e R.
2	C. R. 3e F.	C. D. 3e F.
3	F. R. 4e F. D.	F. R. 4e F. D.
4	P. 3e F. D.	*C. R.* 3e *F.* (Meill.)
5	P. 4e D.	P. pr. P.
6	P. 5e R.	P. 4e D.
7	F. R. 5e C. D.	C. R. 5e R.
8	P. pr. P.	F. 3e C. D.
9	Roque.	Roque.
10	P. 3e T. R.	P. 3e F. R.
11	C. D. 3e F.	P. pr. P. R.
12	F. pr. C.	P. pr. F.
13	C. R. pr. P.	F. D. 3e T. D.
14	C. D. 2e R.	P. 4e F. D.
15	F. 3e R.	P. pr. P.
16	F. pr. P.	F. pr. C.
17	D. pr. F.	F. pr. F.
18	C. 6e F. D.	D. 3e F. R.
19	C. pr. F.	D. pr. C.
20	T. D. c. D.	D. 4e F. D.
21	T. D. c. F. D.	D. 3e C. D.
22	P. 3e C. D.	C. 6e C. R.
23	D. à sa 3e.	C. pr. T. R.

Et quelques coups après les Blancs abandonnent.

Autre partie du Guioco Piano (variante au quatrième coup des Noirs), entre MM. Journoud et Schulten.

	B. (M. J.)	N. (M. Sc.)
1	P. 4e R.	P. 4e R.
2	C. R. 3e F.	C. D. 3e F.
3	F. 4e F. D.	F. 4e F. D.
4	P. 3e F. D.	*P.* 3e *D.*
5	P. 3e T. R.	P. 3e T. R.
6	P. 4e D.	P. pr. P.
7	P. pr. P.	F. R. 3e C. D.
8	C. D. 3e F.	C. D. 2e R.
9	F. D. 3e R.	P. 4e C. R
10	C. R. 2e T.	C. D. 3e C. R.
11	D. 2e D.	C. R 2e R.
12	C. D. 2e R.	P. 3e F. D.
13	Roque av. T. R.	P. 4e D.
14	P. pr. P.	P. pr. P.
15	F. R. 3e D.	F. R. 2e F. D.
16	C. D. 3e C. R.	P. 4e F. R.
17	T. D. c. R.	R. 2e F.
18	P. 4e F. R.	P. pr. P.
19	F. pr. P.	F. pr. F.
20	T. pr. F.	C. pr. T.
21	D. pr. C.	C. 3e C.

22	D. 3e F.	T. R. c. R.
23	T. c. F. R.	C. 5e T.
24	D. 5e T. (Ech.)	R. 2e C.
25	C. R. 4e C.	T. 3e R.
26	D. pr. C.	D. pr. D.
27	C. pr. P. F. R. (Ech)	R. c. C.
28	C. pr. D.	T. 3e C. D.
29	C. R. 6e F. (Ech.)	R. 2e C.
30	C. R. 5e T. (Ech.)	R. c. C.
31	C. D. 6e C.	F. D. 3e R.
32	C. D. 7e R. (Ech.)	R. c. T.
33	T. 6e F.	F. 2e D.
34	T. 7e F.	

Les Blancs gagnent.

Extrait du *British chess Review* (p. 99).

Partie du capitaine Evans, entre M. Anderssen et M. Dufresne.

	B. (M. A.)	**N.** (M. D.)
1	P. 4e R.	P. 4e R.
2	C. 3e F. R.	C. 3e F. D.
3	F. 4e F. D.	F. 4e F. D.
4	*P. 4e C. D.*	F. pr. P. C. D.
5	P. 3e F. D.	F. 4e T. D.
6	P. 4e D.	P. pr. P.
7	Roque.	P. 6e D.
8	D. 3e C.	D. 3e F.
9	P. 5e R.	D. 3e C. R.
10	T. c. R.	C. R. 2e R.
11	F. 3e T. D.	P. 4e C. D.
12	D. pr. P. C. D.	T. c. C. D.
13	D. 4e T. D.	F. 3e C. D.
14	CD. 2e D.	F. 2e CD.
15	C. D. 4e R.	D. 4e F. R.
16	F. pr. P. D.	D. 4e T. R.
17	C. 6e F. R. (Ech.)	P. pr. C.
18	P. pr. P.	T. c. C. R.
19	T. D. c. D.	D. pr. C. (1)
20	T. pr. C. (Ech.)	C. pr. T.
21	D. pr. P. D. (Ech.)	R. pr D.
22	F. 5e F. R. (Ech. doub.)	R. à sa c.
23	F. 7e D. (Ech.)	R. c. D.
24	F. pr. C.	Mat.

(1) M. Staunton a publié sur cette admirable fin de partie des notes extrêmement intéressantes, que l'on trouvera dans le premier volume du *Chess Player's Chronicle* (*new series*), pages 6 et suivantes. — Nous en extrayons la variante ci-dessous :

	19	R. c. D.
	20	T. pr. P. D. (Ech.)	R. c. F. D. (meill.)
	21	T. 8e D. (Ech.)	C. pr. T.
	22	D. 7e D. (Ech.)	R. p. D.
	23	F. 5e F. R. (doubl. Ech.)	R. à sa case.

Le Fou matte.

Partie du Cavalier de Ruy-Lopez (Berliner Schach Zeitung).

B. (M. Hanstein.)	N. (M. H. Von der Laza.)
1 P. 4e R.	P. 4e R.
2 C. R. 3e F.	C. D. 3e F.
3 *F. R. 5e C. D.*	F. R. 4e F. D.
4 P. 3e F. D.	C. R. 2e R.
5 Roque.	Roque.
6 P. 4e D.	P. pr. P.
7 P. pr. P.	F. 3e C. D.
8 P. 5e D.	C. D. à sa c.
9 P. 6e D.	P. pr. P.
10 D. pr. P.	F. R. 2e F. D.
11 D. à sa 3e.	P. 4e D.
12 C. D. 3e F.	P. pr. P.
13 D. pr. P.	C. D. 3e F.
14 F. D. 5e C. R.	P. 3e F. R.
15 T. D. c. D.	D. c. R.
16 T. R. c. R.	D. 3e C. R.
17 F. pr. C.	C. pr. F.
18 D. pr. D.	P. pr. D.
19 C. D. 5e D.	F. 4e T. D.
20 F. 2e D.	F. pr. F.
21 T. D. pr. F.	F. 5e C. R.
22 C. R. 4e D.	T. D. c. R.
23 T. pr. T.	T. pr. T.
24 P. 3e F. R.	C. pr. C.
25 T. pr. C.	F. 3e R.
26 T. 4e R.	R. 2e F.
27 C. 7e F.	T. 2e R.
28 C. 5e C. D.	T. 2e D.
29 C. 3e F. D.	

Partie nulle.

Partie du Gambit écossais, entre MM. Cochram et Deschapelles.

B. (M. C.)	N. (M. D.)
1 P. 4e R.	P. 4e R.
2 C. R. 3e F.	C. D. 3e F.
3 P. 4e D.	*P. pr. P.*
4 F. R. 4e F. D.	F. R. 4e F. D.
5 C. R. 5e C.	C. D. 4e R.
6 F. R. pr: P. F. (Ech.)	C. D. pr. F
7 C. pr. C.	F. 5e C. D. (Ech.)
8 P. 3e F. D.	P. pr. P.
9 P. pr P.	F. R. pr. P. (Ech.)
10 C. D. pr. F.	R. pr. C.
11 D. à sa 5e (Ech.)	R. c. F.
12 F. D. 3e T. (Ech.)	P. 3e D.
13 P. 5e R.	D. 4e C. R.
14 P. pr. P.	D. pr. D.

15	P. pr. P. (Ech. dec.)	R. 2e F.
16	C. pr. D.	F. D. 2e D.
17	Roque av. T. R.	T. D. c. F. D.
18	F. 6e D.	R. à sa 3e.
19	F. D. 3e C. R.	F. D. à sa 3e.
20	T. D. c. D.	F. pr. C.
21	T. R. c. R. (Ech.)	R. 3e F.
22	T. D pr. F.	C. R. 3e T.
23	T. D. à sa 5e.	C. 4e F. R.
24	T. D. 5e F. D.	C. pr. F.
25	P. T. R. pr. C.	R. 2e F.
26	T. R. c. D.	T. R. c. R.
27	T. R. 3e D.	T. R. 2e R.
28	T. D. 5e F. R. (Ech.)	R. à sa C.
29	T. D. 8e D. (Ech.)	T. pr. T.
30	T. 8e F. R. (Ech.)	R. pr. T.
31	P. pr. T. et fait D. Ech.	

Les Blancs gagnent.

Cette partie est très bien jouée par M. Cochram; mais il convient
de dire, puisque c'est M. Deschapelles qui la perd, qu'il était incon-
testablement le plus fort. C'est la seule partie à but que l'on pos-
sède de ce grand maître, malgré qu'il ait joué pendant plus de
trente ans au milieu des amateurs du *Café de la Régence*. A cette
époque, personne ne voulait se donner la peine de recueillir ces
merveilleuses combinaisons que l'on voyait se renouveler tous les
jours et qui sont à jamais perdues. Si les Anglais n'avaient pas
noté les parties de La Bourdonnais contre Mac-Donnell, nous ne
connaîtrions guère cet incomparable génie que par les témoignages
d'admiration de ses contemporains. N'est-ce pas quelque chose de
monstrueux que tant d'apathie et d'insouciance? Aujourd'hui nous
écrivons tout (même ce qui ne vaut rien); il est trop tard.

Partie du Gambit de Lopez, entre MM. de La Bourdonnais et Mac-Donnell.

	B. (M. de La B.)	N. (M. Mac-D.)
1	P. 4e R.	P. 4e R.
2	F. R. 4e F. D.	F. R. 4e F. D.
3	D. 2e R.	C. R. 3e F.
4	P. 3e D.	C. D. 3e F.
5	P. 3e F. D.	C. D. 2e R.
6	*P. 4e F. R.*	P. pr. P.
7	P. 4e D.	F. R. 3e C.
8	F. D. pr. P.	P. 3e D.
9	F. R. 3e D.	C. D. 3e C. R.
10	F. D. 3e R.	Roque.
11	P. 3e T. R.	T. R. c. R.
12	C. D. 2e D.	D. 2e R.
13	Roque av. T. D.	P. 4e F. D.
14	R. c. C.	P. pr. P.
15	P. pr. P.	P. 4e T. D.

16	C. R. 3e F.	F. D. 2e D.
17	P. 4e C. R.	P. 3e T. R.
18	T. D. c. C. R.	P. 5e T. D
19	P. 5e C. R.	P. pr. P.
20	F. pr. P.	P. 6e T. D.
21	P. 3e C. D.	F. D. à sa 3e.
22	T. D. 4e C. R.	F. R. 4e T. D.
23	P. 4e T. R.	F. pr. C. D.
24	C. pr. F.	T. D. à sa 4e.
25	P. 5e T. R.	T. pr. F.
26	T. pr. T.	C. 5e F. R.
27	D. 3e F. R.	C. pr. F.
28	P. 5e D.	C. pr. P. D.
29	T. R. c. C. R.	C. 6e F. (Ech.)
30	R. c. T.	F. pr. P. R.
31	T. pr. P. C. R. (Ech.)	R. c. T.
32	D. 3e C. R.	F. 3e C. R.
33	P. T. R. pr. F.	D. 8e R. (Ech.)
34	T. pr. D.	T. pr. T. (Ech.)
35	D. pr. T.	C. pr. D.
36	T. 7e T. (Ech.)	R. c. C.
37	P. pr. P. F. R. (Ech.)	R. pr. T.
38	P. fait D.	C. matte.

Constatons, à l'honneur de l'école française, que sur le nombre des parties jouées entre ces deux princes de l'échiquier, M. de La Bourdonnais eut pour lui la grande majorité, et l'on s'accorde à dire qu'il n'a jamais existé de plus fort joueur. A ce propos, il est bon de rectifier une erreur assez répandue qui consiste à croire que les Indiens, les Persans ou les Arabes ont produit des joueurs d'Echecs bien autrement habiles et profonds que les nôtres : aux Echecs comme en toutes choses, la civilisation avancée de l'Occident l'emporte, et surtout dans l'art de la stratégie. Aux qualités de l'intelligence, un grand joueur d'Echecs doit encore unir la force morale et une activité qui manque aux Orientaux, mais ils excellent à composer des problèmes, parce qu'un problème est une œuvre de patience et de temps.

Partie du Fou du Roi, entre le Dr Bledow et Von Bilguer.

	B. (Dr B.)	N. (V. B.)
1	P. 4e R.	P. 4e R.
2	*F. R. 4e F. D.*	P. 4e F. R.
3	P. 3e D.	C. R. 3e F.
4	C. R. 3e F.	P. pr. P. R.
5	P. pr. P.	C. pr. P.
6	D. à sa 5e.	C. 3e D.
7	C. pr. P. R.	P. 3e F. D.
8	D. 7e F. R.	C. pr. D.
9	F. pr. C. (Ech.)	R. à sa 2e.
10	F. D. 5e C. R. (Ech.)	R. 3e D.
11	F. pr. D.	R. pr. C.

12	P. 4e F. R. (Ech.)	R. 4e F.
13	F. D. 5e C. R.	F. R. (Ech.)
14	P. 3e F. D.	T. R. c. F.
15	F. R. 3e C. D.	P. 3e T. R.
16	F. R. 2e F. D. (Ech.)	R. 5e C.
17	F. R. c. D. (Ech.)	R. 4e F.
18	P. 4e C. R. (Ech.)	R. 3e C.
19	F. 2e F. D. (Ech.)	R 2e F.
20	F. D. 4e T. R.	F. R. 2e R.
21	F. D. 3e C. R.	P. 4e D.
22	P. 5e F. R.	C. 2e D.
23	C. 2e D.	F. R. à sa 3e.
24	C. 3e F. R.	T. c. R. (Ech.)
25	R. 2e F. R.	C. 4e F. D.
26	T. R. c. R.	F. D. 2e D.
27	P. 4e C. D.	C. 5e R. (Ech.)
28	T. pr. C.	P. pr. T.
29	F. 3e C. D. (Ech.)	R. c. F.
30	F. 6e D. (Ech.)	F. 2e R.
31	C. 5e R.	P. 4e C. R.
32	P. 6e F. R.	P. 6e R. (Ech.)
33	R. c. C.	

Les Noirs abandonnent.

Partie du Pion du Fou du la Dame, entre M. Saint-Amant et M. G. Walker.

	B. (M. W.)	N. (M. St-A.)
1	P. 4e R.	P. 4e R.
2	*P. 3e F. D.*	P. 4e D.
3	P. pr. P.	D. pr. P.
4	C. R. 3e F.	F. R. 4e F. D.
5	P. 3e C. D.	F. D. 5e C. R.
6	F. R. 2e R.	P. 5e R.
7	C. 4e D.	F. pr. F.
8	C. pr. F.	C. D. 3e F.
9	Roque.	C. D. 4e R.
10	C. 4e F. R.	D. à sa 3e.
11	P. 4e D.	P. pr. P. en passant.
12	T. R. c. R.	Roque.
13	C. D. 2e D.	P. 4e F. R.
14	P. 4e T. D.	P. 4e T. D.
15	P. 4e C. D.	P. pr. P.
16	P. pr. P.	F. 5e D.
17	T. D. c. C.	C. R. 3e F.
18	C. 3e C. D.	C. R. 5e C.
19	C. pr. F.	D. pr. C.
20	F. 3e R.	D. à sa 3e.
21	F. 5e F. D.	D. 3e T. R.
22	C. 3e T. R.	T. R. c. R.
23	P. 5e T. D.	P. 7e D.
24	T. c. F. R.	C. 6e D.
25	P. 6e T. D.	P. pr. P.

26	D. 3e F. R.	T. R. 5e R.
27	D. pr. P. (Ech.)	D. 3e R.
28	D. pr. D. (Ech.)	T. pr. D.
29	C. 5e C. R	T. 8e R.
30	F. 3e R.	C. pr. F.
31	P. pr. C.	T. pr. T. (Ech.)
32	R. pr. T.	C. 8e F. D.

Les Noirs gagnent.

Il Gambitto lungo (1), entre MM. Harrwitz et Hampe.

	B. (M. Har.)	N. (M. Ham.)
1	P. 4e R.	P. 4e R.
2	P. 4e F. R.	P. pr. P.
3	C. R. 3e F.	P. 4e C. R.
4	P. 4e T.	P. 5e C.
5	C. 5e R.	P. 4e T. R.
6	F. R. 4e F. D.	T. 2e T.
7	P. 4e D.	P. 3e D.
8	C. R. 3e D.	P. 6e F. R.
9	*P. pr. P.*	F. R. 2e R.
10	F. D. 3e R.	P. 6e C.
11	C. R. 4e F.	F. pr. P. T.
12	R. 2e D.	C. D. 3e F.
13	D. c. C. R.	F. D. 2e D.
14	C. D. 3e F.	P. 3e T. D.
15	C. D. 5e D.	C. D. 2e R.
16	T. pr. F.	C. pr. C.
17	D. pr. P.	C. D. 3e F. R.
18	C. pr. P.	T. pr. C.
19	T. pr. T.	D. 2e R.
20	T. 8e T. R.	Roque.
21	F. D. 5e C. R.	P. 4e D.
22	P. 3e F. D.	P. pr. F.
23	P. 5e R.	F. 4e F. R.
24	P. pr. C.	D. 2e D.
25	D. 5e R.	T c. R.
26	D. 5e F. D.	D. 3e R.
27	D. 5e R.	D. 2e D.
28	T. c. R.	F. 3e R.
29	F. 4e F. R.	T. c. D.
30	T. c C. R.	

Les Noirs abandonnent.

(1) Le mot italien *gambitto* signifie croc-en-jambe.

Gambit ordinaire, entre M. Zytogorsky et M. Popert.

	B. (M. Z.)	N. (M. P.)
1	P. 4e R	P. 4e R.
2	P. 4e F. R.	P. pr. P.
3	C. R. 3e F.	P. 4e C. R.
4	F. 4e F. D.	*F. 2e C. D.*
5	P. 4e D.	P. 3e D.
6	Roque.	P. 3e T. R.
7	P. 3e C. R.	P. 5e C. R.
8	C. R. 4e T.	P. 6e F. R.
9	F. D. 3e R.	C. D. 3e F.
10	P. 3e F. D.	F. R. 3e F.
11	C. R. 5e F. R.	F. D. pr. C.
12	P. pr. F.	C. R. 2e R.
13	D. 3e C.	P. 4e D.
14	F. R. 3e D.	D. à sa 2e.
15	D. 2e F.	P. 4e T. R.
16	C. 2e D.	P. 5e T. R.
17	F. D. 4e F. R.	Roque av T. D.
18	P. 4e T. D.	P. pr. P. C. R.
19	F. D. pr. P. C. R.	T. R. à sa 4e.
20	P. 4e C. D.	C. R. pr P. F. R.
21	F. pr. C.	D. pr. F.
22	D. 2e C.	F. 5e T. R.
23	F. pr. F.	T. pr. F.
24	P. 5e T. D.	T. pr. P. T. R.
25	R. pr. T.	

Les Noirs font mat en trois coups.

Gambit de Cunningham, entre MM. Desloges et Kieseritsky.

	B. (M. K.)	N. (M. D.)
1	P. 4e R.	P. 4e R.
2	P. 4e F. R.	P. pr. P.
3	C. R. 3e F.	*F. 2e R.*
4	F. 4e F. R.	F 5e T. (Ech.)
5	R. c. F. (meill.)	F. 2e R.
6	C. 5e R.	C. 3e T.
7	D. 5e T.	Roque.
8	P. 4e D.	P. 3e D.
9	C. 3e D.	F. 5e C. R.
10	D. 5e C. D.	C. 3e F.
11	P. 3e F. D.	F. 2e D.
12	C. 3e T. D.	C. pr. P. D.
13	D. pr. P. C. D.	F. 3e F. D.
14	D. 6e T.	F. pr. P. R.
15	P. pr. C.	P. 4e D.
16	C. 2e F. R.	P. pr. F.
17	C. pr. F.	F. pr. C.
18	D. pr. F.	D. pr. P.
19	C. 2e F.	C. 5e C.

20	C. pr. C.	D. 8e D. (Ech.)
21	R. 2e F.	D. pr. T.
22	D. 3e F. D.	P. 4e T. R.
23	P. 3e C. D.	D. c. D.
24	C. 6e T. (Ech.	P. pr. C.
25	F. 2e C.	D. 5e C. D.
26	D. 8e T. R. (Ech. et mat.)	

Extrait des *Cinquante parties*, Paris, 1846.

Gambit Cochrane, tiré de l'ouvrage de M. Cochrane.

	B.	N.
1	P. 4e R.	P. 4e R.
2	P. 4e F. R.	P. pr. P.
3	C. R. 3e F.	P. 4e C. R.
4	F. R. 4e F. D.	P. 5e C.
5	C. 5e R.	D. donne Ech.
6	R c. F.	P. 6e F. R.
7	D. c. R.	P. pr. P. (Ech.)
8	R. pr. P.	D. 4e T. R. (Ech.)
9	R. 2e F.	F. R. 2e C.
10	P. 4e D.	P. 3e D.
11	F. pr. P. F. (Ech.)	R. à sa 2e.
12	F. pr. C. R.	T. pr. F.
13	C. R. 4e F. D.	D. 6e F. R. (Ech.)
14	R. c. C.	F. pr. P. D. (Ech.)
15	F. 3e R.	P. 6e C. R.
16	P. 3e T. R.	P. 7e C.
17	T. R. à sa 2e.	F. D. pr P. T. R.
18	C. D. 2e D.	D. 8e F. R. (Ech.)
19	C. pr. D.	P. pr. C.

Et devenant Dame donne double Echec et mat.

Gambit Muzio, entre MM. Lewis et un amateur.
(Chess Player's Chronicle.)

	B. (M. L.)	N. (M....)
1	P. 4e R.	P 4e R.
2	P. 4e F. R.	P. pr. P.
3	C. R. 3e F.	P. 4e C. R.
4	F. R. 4e F. D.	P. 5e C. R.
5	Roque.	P. pr. C.
6	D. pr. P.	F. R. 3e T.
7	P. 4e D.	D. 2e R.
8	F. D. pr. P.	C. D. 3e F.
9	F. D. pr. F. R.	C. pr. F.
10	D. 5e T. R.	D. c. F. R.
11	T. R. 6e F.	D. 2e C. R.
12	D. pr. C.	D. pr. D.
13	T. R. pr. D.	C. D. pr. P. D.
14	C. D. 3e T. D.	P. 3e F. D.
15	T. R. 6e D.	C. 3e R.

16	T. D. c. D.	T. R. c. C. R.
17	F. R. pr. C.	P. F. R. pr. F.
18	C. 4e F. D.	T. R. 4e C. R.
19	R. 2e F.	R. à sa 2e.
20	C. 3e R.	P. 4e T. D.
21	R. 3e F.	P. 4e C. D.
22	C. 4e C. R.	T. D. à sa 2e.
23	R. 4e F.	T. R. 4e F. D.
24	P. 3e F. D.	P. 5e C. D.
25	P. pr. P.	P. pr. P.
26	C. 5e R.	T. R. 7e F. D.
27	P. 4e T. D.	T. pr. P. C. D.
28	T. R. pr. P. F. D.	T. 7e F. R. (Ech.)
29	R. à sa 3e.	T. c. F. R.
30	T. D. c. F. D.	F. 3e T. D.
31	T. R. 7e F. D.	T. pr. T.
32	T. pr. T.	R. 3e D.
33	T. 7e T. D.	R. pr. C.
34	T. pr. F.	T. c. C. D.
35	T. 5e T. D. (Ech.)	P. 4e D.
36	P. pr. P.	P. pr. P.
37	R. 3e D.	T. c. F. D.
38	T. 5e C. D.	T. 6e F. D. (Ech.)
39	R. 2e D.	T. 5e F. D.
40	P. 5e T. D.	T. 5e F. R.
41	P. 6e T. D.	T. 7e F. R. (Ech.
42	R. 3e D.	T. 7e T. D.
43	T. pr. P. C. D.	T. pr. P. T. D.

Partie nulle.

Gambit d'Allgaier, entre MM. Kieseritsky et Calvi.

	B. (M. K.)	**N.** (M. C.)
1	P. 4e R.	P. 4e R.
2	P. 4e F. R.	P. pr. P.
3	C. R. 3e F.	P. 4e C. R.
4	P. 4e T. R.	P. 5e C. R.
5	C. 5e R.	P. 4e T. R.
6	F. R. 4e F. D.	T. 2e T. R.
7	P. 4e D.	P. 3e D.
8	C. 3e D.	P. 6e F. R.
9	*P. 3e C. R.*	P. 3e F. D.
10	C. R. 4e F.	C. R. 2e R.
11	C. D. 3e F.	C. D. 2e D.
12	R. 2e F.	T. c. T. R.
13	D. à sa 3e.	F. R. 2e C.
14	F. D. 2e D.	R. c. F.
15	T. D. c. R.	D. 3e C.
16	F. D. 3e R.	D. 2e F. D.
17	F. R. 6e R.	P. 4e C. D.
18	P. 4e C. D.	C. D. à sa 3e.
19	F. R. 3e C. D.	P. 4e T. D.
20	P. 3e T. D.	P. 5e T. D.
21	F. 2e T. D.	F. D. 2e C.

	B.	N.
22	P. 5e R.	P. 4e D.
23	P. 6e R.	F. D. à sa c.
24	F. D. à sa c.	D. à sa 3e.
25	P. pr. P.	R. pr. P.
26	C. D. 4e R.	D. 2e F.
27	C. D. 5e C. R. (Ech.)	R. c. C.
28	T. pr. C.	D. pr. T.
29	T. c. R.	D. 3e F. R.
30	T. 8e R. (Ech.)	F. c. F. R.
31	C. R. 6e C.	F. D. 4e F. R.
32	D. pr. F.	D. pr. D.
33	C. 7e R. (Ech.)	R. 2e C.
34	C. pr. D. (Ech.)	R. 3e F.
35	T. 6e R. (Ech.)	R. pr. C.
36	F. c. C. D.	

Et le mat est inévitable au coup suivant. — Cette belle partie se trouve dans le *Handbook*, et dans le recueil des *Cinquante parties*, annotées par M. Laroche. Le 9e coup des Blancs forme une déviation curieuse du Gambit d'Allgaier, et M. Kieseritsky croyait l'attaque qui en résulte irrésistible : Il était difficile de lui prouver le contraire, car il connaissait toutes les ressources de cette partie. Cependant M. H. Von der Laza a établi que prendre le Pion était meilleur ; la pratique justifie son opinion. Au lieu de 5, P. 4e T. R., les Noirs doivent jouer le C. du R. à la 3e case du Fou.

Gambit du Fou du Roi, entre MM. Szen et Rudzinsky.

	B. (M. S.)	N. (M. B.)
1	P. 4e R.	P. 4e R.
2	P. 4e F. R.	P. pr. P.
3	F. 4e F. D.	D. 5e T. R. (Ech.)
4	R. c. F.	P. 4e C. R.
5	C. 3e F. D.	P. 3e D.
6	P. 4e D.	F. 2e C. R.
7	C. 3e F. R.	D. 4e T. R.
8	P. 4e T. R.	P. 3e T. R.
9	P. 5e R.	P. 5e C. R.
10	C. R. c. C.	P. pr. P.
11	C. D. 5e D.	R. c. D.
12	P. pr. P.	F. D. 2e D.
13	P. 6e R.	P. pr. P.
14	C. D. pr. P. F. R.	D. 4e F. R.
15	F. pr. P. R.	D. 4e C. D. (Ech.)
16	P. 4e F. D.	D. 4e R.
17	D. pr. P. C. R.	R. c. F. D.
18	F. pr. F. (Ech.)	C. D. pr. F.
19	C. R. 3e F. R.	P. 4e T. R.
20	D pr. C. (Ech.)	R. pr. D.
21	C. pr. D. (Ech.)	F. pr. C.
22	C. 6e C. R.	F. 5e D.
23	C. pr. T. R.	T. c. F. R. (Ech.)
24	R. 2e R.	F. pr. C.

	B.	N.
25	F. 3e R.	C. 3e F. R.
26	T. D. c. D. (Fch.)	R. 3e F. D.
27	P. 4e C. D.	P. 3e T. D.
28	P. 4e C. D.	P. 4e C. D.
29	P. F. D. pr. P. (Ech.)	P. pr. P.
30	T. D. c. F. D. (Ech.)	R. 2e C. D.
31	P. pr. P.	C. 4e D.
32	F. 2e D.	F. 5e D.
33	T. R. c. F. R.	T. c. R. (Ech.)
34	R. 2e D.	F. 3e F. R.
35	P. 3e C. R.	T. c. D.
36	R. 2e F. D.	F. 4e R.
37	T. R. 2e F. R.	F. 3e D.
38	R. 3e C. D.	T. c. C. R.
39	T. D. 5e F. D.	F. pr. T.
40	P. pr. F.	T. 5e C. R.
41	F. 5e T. D.	R. c. F. D.
42	P. c e F. D.	R. c. C. D.
43	T. 3e D.	C. 3e C. D.
44	F. pr. C.	P. pr. F.
45	T. 5e D.	T. pr. P. C. R. (Ech.)
46	R. 2e F. D.	R. 2e F. D.
47	T. pr. P. T. R.	T. 5e C. R.
48	R. 3e D.	T. 5e C. D.
49	R. 3e F. D.	T. 8e C. D.
50	T. 5e F. R.	R. 3e D.
51	P. 5e T. R.	R. 3e R.
52	T. 5e C. R.	R. 3e F.
53	R. 2e F. D.	T. 5e C. D.
54	T. 5e F. D.	P. pr. T.
55	P. 7e F. D.	

Les Noirs abandonnent.

Voir dans le *Palamède* les Gambits du Fou joués entre La Bourdonnais et Mac-Donnell.

Gambit du Roi refusé, d'après Philidor.

	B.	N.
1	P. 4e R.	P. 4e R.
2	P. 4e F. R.	*P. 4e D.*
3	P. pr. P. D.	D. pr. P.
4	P. pr. P.	D. pr. P. R. (Ech.)
5	F. 2e R.	F. 2e D.
6	C. R. 3e F.	D. 2e R.
7	P. 4e D.	F. 3e R.
8	Roque.	C. D. 2e D.
9	P. 4e F. D.	P. 3e F. D.
10	C. D. 3e F.	C. R. 3e F.
11	F. 3e D.	Roque av. T. R. (meill.)
12	F. D. 5e C. R.	P. 3e T. R.
13	F. 4e T. R.	D. à sa c.
14	C. D. 4e R.	F. R. 2e R.
15	D. 2e R.	D. 2e F. D.

16	C. pr. C. (Ech.)	C. pr. C.
17	F. pr. C.	F. pr. F.
18	D. 4e R.	P. 3e C. R.
19	C. 5e R.	F. pr. C.
20	P. pr. F.	T. D. c. D.
21	T. R. 6e F.	D. à sa 2e.
22	T. pr. P. C. (Ech.)	P. pr. T.
23	D. pr. P. (Ech.)	R. c. T.
24	D. pr. P. (Ech.)	

Et fait partie nulle en donnant l'Echec perpétuel.

Gambit de la Dame, entre M. de La Bourdonnais et M. Mac-Donnell.

	B. (M. de La B.)	**N.** (M. Mac-D.)
1	P. 4e D.	P. 4e D.
2	*P. 4e F. D.*	P. pr. P.
3	P. 3e R.	P. 4e R.
4	F. R. pr. P.	P. pr. P.
5	P. pr. P.	C. R. 3e F.
6	C. D. 3e F.	F. R 2e R.
7	C. R. 3e F.	Roque.
8	P. 3e T. R.	C. D. 2e D.
9	F. D. 3e R.	C. D. à sa 3e.
10	F. R. 2e C. D.	P. 3e F. D.
11	Roque.	C. R. 4e D.
12	D. 2e R.	P. 4e F. R.
13	C. R. 5e R.	P. 5e F. R.
14	F. D. 2e D.	P. 4e C. R.
15	T. D. c. R.	R. 2e C.
16	C. D. pr. C.	C. pr. C.
17	C. R. pr. P. F. D.	P. C. D. pr. C.
18	F. pr. C.	D. pr. F.
19	D. pr. F. (Ech.)	T. 2e F. R.
20	D. 4e C. D.	F. D. 4e F. R.
21	T. 5e R.	D. à sa 2e.
22	P. 5e D.	P. pr. P.
23	D. à sa 4e.	R. 3e T.
24	P. 4e T. R.	F. D. 3e R.
25	T. R. c. R.	T. D. c. R.
26	T. D. pr. P. C.	T. D. c. F. R.
27	D. 5e R.	F. D. 5e C. R.
28	T. 5e T. R. (Ech.)	F. pr. T.
29	D. matte.	

Gambit de la Dame refusé, entre MM. Anderssen et Szen (au grand tournoi de Londres, de 1851).

	B. (M. A.)	**N.** (M. S)
1	P. 4e D.	P. 4e D.
2	P. 4e F. D.	P. 3e R.
3	P. 3e R.	C. 3e F. R.
4	C. 3e F. D.	P. 4e F. D.

	B.	N.
5	C. 3e F. R.	C. 3e F. D.
6	P. 3e T. D.	P. 3e T. D.
7	P. 3e C. D.	P. 3e C. D.
8	F. 2e C. D.	F. 2e C. D.
9	P. pr. P. D.	P. R. pr. P.
10	F. 3e D.	P. pr. P.
11	P. pr. P.	F. 3e D.
12	Roque.	Roque.
13	P. 4e C. D.	P. 4e C. D.
14	T. c. F. D.	T. c. F. D.
15	D. 3e C. D.	F. c. C. D.
16	T. 2e F. D.	T. c R.
17	C. 2e R.	C. 5e R.
18	C. 3e C. R.	C. 4e C. R.
19	C. 5e R.	C. 3e R.
20	C. 2e R.	C. D. pr. P. D.
21	T. pr. T.	C. pr. C. (Ech.)
22	F. pr. C.	D. pr. T.
23	T. c. D.	C. 5e F. R.
24	F. 4e C. R.	P. 4e F. R.
25	P. 3e C.	F. pr. C.
26	F. pr. F.	C. 3e C. R.

Les Blancs abandonnent.

Partie irrégulière entre MM. Laroche et Arnous de Rivière.

	B. (M. L.)	N. (M. A. de R)
1	*P. 4e F. D.*	P. 4e F. R.
2	P. 4e D.	P. 4e F. D.
3	P. 5e D.	P. 3e D.
4	C. D. 3e F.	P. 4e R.
5	P. 4e R.	C. R. 3e F.
6	F. R. 3e D.	P. 5e F. R.
7	P. 3e C. R.	P. 4e C. R.
8	P. 4e T. R.	P. F. R. pr. P. C.
9	P. F. R. pr. P.	P. 5e C. R.
10	F. D. 5e C. R.	P. 3e T. R.
11	F. pr. C.	D. pr. F.
12	D 2e R.	P. 4e T. R.
13	Roque.	F. 3e T. R. (Ech.)
14	R. c. C.	C. 3e T. D.
15	P. 3e T.	F. 2e D.
16	D. 2e F. D.	Roque av. T. D.
17	T. c. F. R.	D. 2e R.
18	C. R. 2e R.	T. D. c. F. R.
19	C. 5e C. D.	R. c. C.
20	C. R. 3e F. D.	T. 6e F. R.
21	T. pr. T.	P. pr. T.
22	D. 2e F. R.	F. 5e C. R.
23	R. 2e T.	P. 3e C. D.
24	C. R. c. D.	C. 2e F. D.
25	C. D. 3e F.	T. c. F. R.
26	P. 4e C. D.	C. 3e T.
27	R. 3e C.	R 2e C.

28	F. à sa c.	C. 2e F. D.
29	T. 2e T.	D. 2e C. R.
30	P. pr. P.	P. C. D. pr. P.
31	R. 2e T.	T. c. C. D.
32	C. D. 4e T.	R. c. T.
33	D. c. R.	F. D. 2e D.
34	C. R. 3e F.	T. c. C. R.
35	T. 2e C D.	D. pr. P.
36	D. c. C. D.	D. 5e F. R.
37	T. 7e C. D.	D. 7e D. (Ech.)
38	R. c. T.	F. pr. C.
39	C. pr. F.	F. 6e R.
40	T. 3e C. D.	F. 5e D. (Ech.)
41	C. 2e C.	P. 7e F. R.
42	T. 3e D.	D. 8e R.
43	T. 3e C. D.	D. pr. D. (Ech.)
44	R. pr. D.	T. 8e C. R.
45	T. 3e F. R.	T. pr. F. (Ech.)
46	R. 2e F.	T. c. T. R.

Les Blancs abandonnent.

Partie irrégulière entre MM. Buckle et Lœwenthal.

	B. (M. L.)	N. (M. B.)
1	P. 4e F. R.	P. 3e R.
2	C. 3e F. R.	P. 3e C. R.
3	P. 3e R.	P. 3e C. D.
4	F. 2e R.	F. 2e C. R.
5	Roque.	F. 2e C. D.
6	P. 3e F. D.	P. 4e F. R.
7	C. 3e T. D.	C. 3e F. D.
8	P. 3e D.	C. 3e T. R.
9	P. 3e T. R.	Roque.
10	P. 4e R.	C. 2e R.
11	D. 2e F. D.	C. 2e F. R.
12	F. 3e R.	P. pr. P.
13	P. pr. P.	C. 3e D.
14	F. 3e D.	F. 3e T. R.
15	C. 5e R.	C. 3e F. D.
16	C. 4e C. R.	F. 2e C. R.
17	T. c. D.	D. 2e R.
18	P. 4e C. D.	C. 2e F. R.
19	C. 4e F. D.	P. 4e D.
20	C. 2e C. D.	P. 5e D.
21	P. F. D. pr. P.	C. pr. P. C. D.
22	D. à la 3e C. D.	C. pr. F. R.
23	D. pr. C.	T. D. c. D.
24	D. 2e F. D.	C. 3e D.
25	C. 2e F. R.	F. 3e T. R.
26	C. 4e C. R.	F. 2e C. R.
27	C. 2e F. R.	T. 2e F. R.
28	T. R. c. R.	T. D. c. F. R.
29	C. 4e F. D.	P. 4e T. R.
30	C. 5e R.	F. pr. C.

	B.	N.
31	P. F. R. pr. F.	C. c. R.
32	T. D. 2e D.	D. 5e T. R.
33	R. 2e T. R.	R. 2e T. R.
34	P. 3e C. R.	D. 2e R.
35	P. 4e T. R.	P. 4e T. D.
36	C. 3e T. R.	T. 8e F. R.
37	T. pr. T.	T. pr. T.
38	C. 5e C. R. (Ech.)	R. c. C. R.
39	T. 2e F. R.	T. pr. T.
40	D. pr. T.	F. c. F. D.
41	P. 5e D.	D. c. F. R.
42	D. 2e F. D.	P. pr. P.
43	P. pr. P.	F. 4e F. R.
44	D. 6e F.	D. 2e R.
45	F. 4e D.	D. à sa 2e.
46	D. 4e F.	R. c. F.
47	P. 4e T. D.	D. 2e R.
48	P. 6e D.	P. pr. P.
49	F. pr. P. C. D.	D. 2e C. D.
50	P. pr. P.	C. 3e F. R.
51	D. à sa 4e.	C. 5e C. R. (Ech.)
52	R. c. C. R.	C. 4e R.
53	P. 7e D. (1)	C. pr. P.
54	D. 8e T. R. (Ech.)	R. à sa 2e.
55	D. 7e C. (Ech.)	R. 3e D.
56	C. 7e F. R. (Ech.)	

Les Noirs abandonnent.

(1) A ce point de la partie, M. Lœwenthal annonça qu'il pouvait gagner en cinq coups.

Partie sicilienne entre MM. Williams et Wyvill.

	B. (M. Wil.)	N. (M. Wyv.)
1	P. 4e R.	*P. 4e F. D.*
2	P. 4e F. R.	P. 3e R.
3	C. 3e F. R.	F. 2e R.
4	F. 2e R.	F. 5e T. R.
5	P. 3e C. R.	F. 2e R.
6	C. 3e F. D.	C. 3e F. D.
7	P. 3e D.	P. 4e D.
8	P. 5e R.	C. 3e T. R.
9	Roque.	Roque.
10	R. 2e C.	P. 4e F. R.
11	D. c. R.	P. 3e C. D.
12	P. 3e T. D.	F. 2e C. D.
13	C. D. c. D.	P. 5e D.
14	C. D. 2e F. R.	R. c. T.
15	P. 4e T. R.	C. 5e C. R.
16	C. D. 3e T. R.	D. 2e D.
17	R. c. C.	D. 4e D.
18	P. 4e F. D.	P. D. pr. P. F. D. en passant.
19	P. C. D. pr. P.	C. 4e T. D.
20	P. 4e F. D.	D. 3e F. D.

21	T. D. c. C. D.	D. 2e D.
22	F. 2e D.	C. 3e F. D.
23	F. 3e F. D.	T. D. c. D.
24	D. 2e D.	F. c. T. D.
25	T. D. c. D.	D. 2e C. D.
26	C. D. 5e C. R.	F. pr. C.
27	P. T. R. pr. F.	P. 3e C. R.
28	T. R. c. R.	R. c. C.
29	F. c. F R.	C. D. pr. P. R.
30	F. D. pr. C.	D. pr. C.
31	D. 2e C. R.	D. pr. T.
32	T. pr. D.	F. pr. D.
33	F. R. pr. F.	C. pr. F. D.
34	P. pr. C.	T. 5e D.
35	F. 3e F. R.	R. 2e C.
36	R. 2e F.	P. 3e T. R.
37	P. pr. P. (Ech.)	P. pr. P.
38	T. c. T. R. (Ech.)	R. 2e C.
39	R. 3e R.	T. R. c. T. R.
40	T. c. T. D.	T. R. 6e T. R.
41	T. c. C. R.	P. 4e C. R.
42	P. 4e T. D.	T. R. 7e T.
43	F. 2e R.	R. 2e F.
44	P. 5e T. D.	P. 5e F. R. (Ech.)
45	P. pr. P.	P. pr. P. (Ech.)
46	R. 3e F.	T. R. 4e T. R.
47	P. 6e T. D.	T. R. pr. P. R.
48	T. c. T. R.	T. R. 4e C.
49	T. 8e T. R.	T. R. 6e C. (Ech.)
50	R. 2e F.	T. R. 2e C.
51	T. 8e T. D.	T. D. 2e D.
52	F. 3e F. R.	T. R. c. C.
53	T. pr. T.	R. pr. T.
54	F. 4e R.	T. 5e D.
55	R. 3e F.	P. 4e R.
56	F. 5e D. (Ech.)	R. c. F.
57	R. 2e R.	T. pr. F.
58	P. pr. T.	R. 2e R.
59	R. 3e F.	R. 3e D.
60	R. 4e R.	P. 4e C. D.
61	P. 4e D.	P. F. pr. P.

Les Blancs abandonnent.

Partie française entre M. le prince D. Ouroussoff et M. Schumoff.

	B. (Prince D. O.)	N. (M. Sc.)
1	P. 4e R.	P. 3e R.
2	P. 4e D.	P. 4e D.
3	P. pr. P.	P. pr. P.
4	C. R. 3e F. R.	F. D. 3e R.
5	F. D. 3e R.	C. R. 3e F. R.
6	F. R. 3e D.	F. R. 3e D.

7	C. D. 2e D.	P. 3e F. D.
8	Roque.	D. 2e F. D.
9	P. 3e F. D.	P. 3e T. R.
10	P. 3e T. R.	C. D. 2e D.
11	C. R. 4e T. R.	P. 4e C. R.
12	C. 5e F. R. -	Roque av. T. D.
13	C. pr. F. (Ech.)	D. pr. C.
14	P. 4e F. R.	P. pr. P.
15	F. pr. P.	D. 2e R.
16	D. à la 4e T. D.	C. R. 4e T.
17	F. 2e T. R.	D. 4e C. R.
18	D. pr. P. T. D.	D. 6e R. (Ech.)
19	T. R. 2e F. R.	C. R. 6e C.
20	C. c. F.	D. pr. F.
21	D. 8e T. D. (Ech)	R. 2e F. D.
22	F. pr. C. (Ech.)	R. 5e C. D.
23	D. 3e T.	T. D. c. C. R.
24	D. 4e C. D. (Ech.)	R. 3e T. D.
25	D. 4e T. D. (Ech.)	R. 3e C.
26	P. 4e C. D.	D. 3e T.
27	D. 3e C.	T. D. 3e C. R.
28	P. 4e T. D.	T. R c. C. R.
29	R. 2e T.	C. 3e F. R.
30	F. 6e D.	C. 5e R.
31	F. 5e F. D. (Ech.)	R. 2e F. D.
32	T. R. 2e T. D.	T. pr. P. (Ech.)
33	T. pr. T.	T. pr. T. (Ech.)
34	R. pr. T.	D. 7e R. (Ech.)
35	R. c. C.	D. 7e F. R. (Ech.)
36	R. c. T.	D. 6e F. R. (Ech.)
37	R. 2e T.	D. pr. P. T. R. (Ech.)
38	R. c. C.	D. 5e C. R. (Ech.)
39	R. c. T.	D. 6e F. R. (Ech.)
40	R. 2e T.	D. 7e F. R. (Ech.)
41	R. c. T.	F. 5e C. R.

Et gagne.

Nous engageons le lecteur, encore peu habitué aux vicissitudes que subit si fréquemment une partie d'Échecs, à se bien pénétrer du mouvement de celle-ci. Il remarquera d'abord avec quel soin chaque joueur a développé ses forces ; il est aisé de reconnaître qu'il ne s'agit pas d'une escarmouche, mais qu'on a manœuvré comme pour une grande bataille, et, effectivement, la partie précédente est une partie de match. — Le prince Ouroussoff est maître de la position ; qu'il donne Échec avec sa Reine au 22e coup et la victoire est assurée, mais il hésite, il laisse échapper l'instant décisif, et son adversaire, prenant à son tour l'offensive, charge impétueusement avec sa Reine ; par quelques coups brillants il décide de la journée en sa faveur. — Ainsi, soutenez votre attention jusqu'au bout, un seul coup faible ruinera peut-être la meilleure attaque.

Partie des Pions, d'après M. Kieseritsky.

(Arrangez les pièces sur l'Echiquier conformément au diagramme.)

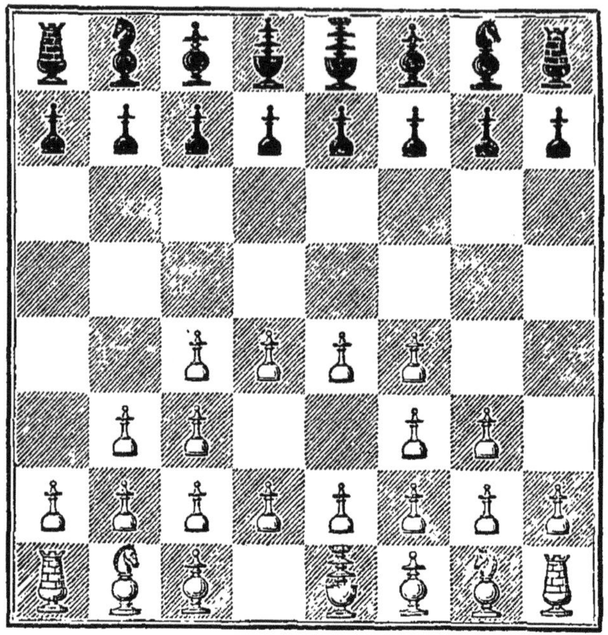

	B.	N.
1	P. 5e D.	P. 3e D.
2	P. 5e R.	P. 3e R.
3	P. 4e R.	P. 3e F. D.
4	P. pr. P. R.	P. F. R. pr. P.
5	P. 4e D.	P. pr. P.
6	P. F. R. pr. P.	P. 4e C. R.
7	P. 4e F. R.	P. 3e T. R.
8	F. R. 3e D.	F. R. 2e C.
9	F. D. 3e R.	C. D. 2e D.
10	P. 3e T. R.	P. 4e F. D.
11	C. R. 3e F.	P. C. R. pr. P.
12	P. C. R. pr. P.	C. R. 2e R.
13	P. 5e D.	P. 3e C. D.
14	C. D. 2e D.	C. D. c. F. R.
15	Roque av. T. D.	P. 4e F. D.
16	P. 4e T. D.	P. 4e C. D.
17	F. pr. P.	P. pr. P. T.
18	P. pr. P. doublé.	F. 2e D.
19	P. 3e C. D.	F. pr. P. T. D.

	B.	N.
20	P. pr. F.	D. 2e D.
21	C. R. 4e D.	D. pr. P.
22	C. D. 3e C.	T. c. F. D.
23	F. pr. C.	R. pr. F.
24	R. 2e D.	P. pr. P.
25	T. c. T. D.	D. c. R.
26	P. F. D. pr. P.	C. 3e C. R.
27	F. 5e C. D.	D. 2e F. R.
28	C. 5e F. (Ech.)	R. c. D.
29	P. 3e C. R.	D. 2e T. D.
30	C. D. 4e D.	C. c. F. R.
31	T. D. 4e T.	T. 2e T.
32	T. R. c. T.	F. c. T.
33	T. pr. P.	D. 4e F. D.
34	T. 6e T. D.	T. D. 2e F. D.
35	T. 8e T. (Ech.)	T. couvre.
36	C. 6e F. (Ech)	R. 2e F.
37	P. 6e D. (Ech.)	R. 3e C.
38	T. D. 6e T. (Ech.)	R. pr. F.
39	C. 4e D. (Ech.)	D. pr. C.
40	C. pr. D. (Ech.)	R. 4e F.
41	R. 3e D.	

Et les Noirs abandonnent.

Partie à la Tour.

M. Périgal donne la Tour de la Dame à un amateur.

(Otez la Tour de la Reine du jeu des Noirs.)

	B. (M. G. P.)	N. (M. C.)
1	P. 4e R.	P. 4e R.
2	P. 4e F. R.	F. 4e F. D.
3	C. R. 3e F.	P. 3e D.
4	P. 3e F. D.	C. D. 3e F.
5	P. 4e D.	P. pr. P.
6	P. pr. P.	F. R. 5e F. D. (Ech.)
7	R. 2e F.	C. 3e F. R.
8	F. R. 3e D.	Roque.
9	T. R. c. F. R.	F. D. 5e C. R.
10	R. c. C.	C. pr. P. D.
11	D. 4e T.	F. pr. C. R.
12	D. pr. F. R.	C. D. 7e R. (Ech.)
13	R. c. T.	C. pr. F. D.
14	T. pr. C.	F. 4e T. R.
15	C. 3e F. D.	P. 3e C. D.
16	P. 3e T. R.	D. 2e D.
17	P. 5e F. R.	P. 3e C. R.
18	P. 4e C. R.	F. pr. P.
19	P. pr. F.	C. pr. P. C.
20	C. 5e D.	C. 7e F. R. (Ech.)
21	R. 2e C.	C. pr. F.
22	C. 6e F. R. (Ech.).	R. 2e C.
23	D. 3e F. D.	C. 5e F. R. (Ech.)

	B.		N.
24	R. 3e F.		C. 7e R.
25	C. 8e R. (Ech. double.)		R. 3e T.
26	T. c. T. R. (Ech.)		R. 4e C.
27	D. mat.		

Partie au Cavalier.

M. Staunton donne le Cavalier de la Dame aux principaux amateurs du club de Rockferry.

(Otez le Cavalier de la Dame du jeu des Noirs.)

	B.	N.
1	P. 4e R.	P. 4e R
2	C. 3e F. R.	C. 3e F. D.
3	F. 4e F. D.	F. 4e F. D.
4	P. 4e C. D.	F. pr. P. C.
5	P. 3e F. D.	F. 4e T. D.
6	Roque.	C. 3e F. R.
7	C. 5e C. R.	Roque.
8	P. 4e F. R	F. 3e C. D. (Ech.)
9	R. c. T.	P. 4e D.
10	P. pr. P. D.	C. R. pr. P.
11	F. pr. 3e T. D.	C. pr. P. F. R.
12	C. 4e R.	T. R. c. R.
13	P. 3e C. R.	F. D. 4e F. R.
14	D. 3e F. R.	F. pr. C.
15	D. pr. F.	C. R. 3e R.
16	T. pr. P. F. R.	R. c. T.
17	T. D. c. F. R.	C. 4e C. R.
18	F. 8e F. R.	C. pr. T.
19	F. pr. P. C. R. (Ech.)	R. pr. F.
20	T. pr. C. (Ech.)	

Les Blancs abandonnent.

Partie à Pion et deux Traits, entre MM. Cochrane et Deschapelles.

(Otez le P. du F. du R. noir.)

	B. (M. C.)	N. (M. D.)
1	P. 4e R.	
2	P. 4e D.	C. D. 3e F.
3	P. 4e F. R.	P. 4e D.
4	P. 5e R.	F. 4e F. R.
5	P. 3e F. D.	P. 3e R.
6	F. 3e D.	C. 3e T.
7	C. 2e R.	D. 5e T. R. (Ech.)
8	P. 3e C.	D. 6e T.
9	R. 2e D.	F. pr. F.
10	R. pr. F.	D. 4e F. R. (Ech.)
11	R. 2e D.	C. R. 5e C.
12	R. c. R.	D. 5e R.
13	T. c. C.	C. pr. P. T.
14	C. D. 2e D.	D. 6e D.

15	R. 2e F.	C. 5e C. (Ech.)
16	R. c. R.	D. 6e R.
17	C. c. F. R.	D. 7e F. R. (Ech.)
18	R. 2e D.	D. 6e F. R.
19	R. 2e F. D.	C. 7e F. R.
20	D. 2e D.	D. 5e R. (Ech.)
21	R. 3e C.	C. D. 4e T. (Ech.)
22	R. 4e T.	C. D. 5e F.
23	D. c. R.	D. 7e F. (Ech.)
24	P. 3e C. D.	C. R. 6e D. (1)
25	C. 3e R.	C. pr. C.
26	D. 2e D	C. 7e C. (Ech.)
27	R. 5e C.	P. 3e F. D. (Ech.)
28	R. 5e T. D.	C. D. 5e F. (Ech.)
29	P. pr. C.	C. pr. P. (Ech. et mat.)

Cette partie et celle que nous avons donnée plus haut entre ces mêmes joueurs, ont été faites à Saint-Cloud en 1821. La Bourdonnais était présent; il recevait, ainsi que M. Cochrane, l'avantage de P. et deux traits lorsqu'il jouait contre Deschapelles. Tous les trois passèrent un mois à jouer des *poules*, et il paraît qu'en somme ce fut M. Deschapelles qui gagna. Plus tard, le génie de La Bourdonnais devait effacer toute distance entre lui et son maître; celui-ci s'aperçut un jour qu'il s'était créé un rival qui menaçait de le faire descendre au second rang; dès-lors il se retira dans sa gloire et ne voulut plus jouer contre La Bourdonnais que la partie des *Pions,* où il était vraiment incomparable.

Partie à Pion et Trait.

Philidor, sans voir, donne le Pion et trait à M. Leycester.

(Otez le P. F. R. du jeu des Noirs.)

	B. (M. L.)	N. (Phil.)
1	P. 4e R.	P. 4e F. D.
2	D. 5e T. R. (Ech.)	P. 3e C.
3	D. pr. P. F. D.	C. 3e F. D.
4	P. 3e F. D.	P. 4e R.
5	D. 3e R.	C. R. 3e F.
6	P. 3e T. R.	P. 4e D.
7	P. R. pr. P.	C. R. pr. P.
8	D. 2e R.	C. R. 5e F. R.
9	D. 3e F. R.	F. R. 3e T.
10	F. R. 5e C. D.	Roque.
11	D. 4e R.	F. D. 4e F. R.
12	D. 4e F. (Ech.)	R. c. T.
13	D. c. F. R.	F. D. 6e D.
14	F. R. pr. F.	C. R. pr. F. (Ech.)
15	R. 2e R.	T. R. pr. P. (Ech.)

(1) Les Noirs avaient le mat en deux coups, en poussant le P. à la 8e T. D. puis le P. 4e C. D.

16	D. pr. T.	C. R. pr. D.
17	R. pr. C.	D. 6e D.
18	C. R. 2e R.	T. c. F. R. (Ech.)
19	R. c. R.	P. 5e R.
20	T. R. c. F. R.	T. pr. T. (Ech.)
21	R. pr. T.	D. 7e F. D.
22	R. c R.	C. 4e R.
23	C. D. 3e T.	C. 6e D. (Ech.)
24	R. c. F. R.	D. 8e D. (Ech. et mat.)

M. Georges Walker a recueilli soixante-deux parties de Philidor qui ont été publiées dans le *Palamède* (2e série, vol. VII et VIII).

CHAPITRE V.

DES FINS DE PARTIE.

Il est presque indispensable de connaître par cœur certaines fins de parties : Nous avons vu un très fort joueur ne pas pouvoir faire le mat avec le Fou et le Cavalier contre le Roi seul, et, par suite, au bout d'un certain nombre de coups, la partie fut déclarée nulle. Que l'on suppose ce cas-là se présentant à la fin d'un match; vous en êtes à la partie qui doit décider du combat, une forte somme est en jeu, le résultat de ce match doit trancher une question de supériorité entre vous et votre adversaire. Voilà que, par un excellent début et grâce à la tenue de votre jeu, vous êtes parvenu à vous assurer tel avantage matériel qui suffit pour gagner «haut la main,» sans qu'il soit possible à l'ennemi d'échapper; il le sait, et fonde sur votre ignorance son dernier espoir : « *Spes ultima Trojæ!* » Comprenez-vous combien il vous serait pénible de donner raison à sa ténacité par l'impuissance où vous seriez de vous servir de vos forces? C'est qu'il peut arriver que non-seulement vous ne gagnerez pas, mais que la partie soit perdue pour vous. — Tantôt vous aurez laissé aller à Dame un Pion dont il était facile d'arrêter la marche, et tantôt vous vous serez mis sous le feu d'un *Échec perpétuel;* vous réduirez le Roi adverse à l'état de *Pat;* vous échangerez la pièce qui était nécessaire; autant de cas dans lesquels la victoire vous échappe. La plupart de ces malheurs sont l'effet d'une précipitation qui tient à ce que l'on est plus rapproché du but, tandis qu'il faut précisément alors une attention plus concentrée et beaucoup de sang-froid.

Rien de plus compliqué et de plus difficile que les fins de parties ; le champ qu'elles embrassent est indéfini, aucune analyse ne pourra jamais les comprendre toutes, ainsi qu'il a été fait pour les débuts, et la raison peut être mise en deux mots à la portée de tout le monde. Lorsqu'il s'agit d'une ouverture, vous partez d'un point fixe et invariable, la position naturelle des pièces sur l'Échiquier : or, quelle que soit la multiplicité des combinaisons qui découlent d'un premier coup, on conçoit qu'il y a une limite. Si la théorie n'en est pas encore complète après des siècles d'une constante étude, elle est bien avancée, surtout depuis cinquante ans, et les découvertes importantes deviennent des faits vraiment rares dans tout ce qui concerne les ouvertures. Les traités fourmillent de variantes insignifiantes, qui surchargent la mémoire de l'élève, et qui, s'écartant des lignes possibles, vraies ou probables, ne méritent qu'un examen superficiel ; mais les *coups justes* de chaque début sont fixés d'une manière à peu près irrévocable, et beaucoup de jeunes joueurs les possèdent au point de rendre très difficiles les parties à avantage.— Dans les fins de parties, quel est le point de départ ? Il est quelquefois impossible de le déterminer : on tombe dans ce qu'on est convenu d'appeler un problème, c'est-à-dire — en telle position donnée qui fait mat ; — en combien de coups ? (La formule la plus usuelle est celle-ci : Les Blancs font mat en tant de coups (2, 3, 4, 5, 7, 12, 51, etc.) Toute partie est un problème nouveau, où il n'est pas toujours possible de procéder par affirmation, et il arrivera la plupart du temps à des joueurs faibles d'aller *à l'aventure* vers le dénoûment. Au contraire, un bon joueur sait par instinct ou par expérience s'il est dans les conditions de gain ou de perte, ou de nullité, et, dans mille circonstances, il pourra faire simplement appel à sa mémoire. En effet, la théorie a dégagé de l'inconnu bon nombre de certitudes qui ne sauraient varier ; par exemple, il est prouvé que la Dame gagne contre la Tour, que deux Cavaliers ne peuvent pas faire mat, que « l'opposition » fait pencher la balance du côté de celui des joueurs qui la gagne. Ce sont principalement ces données exactes qu'il importe de connaître, parce qu'elles servent de clef pour une foule de positions analogues, et, quant au reste, il s'acquiert par la pratique, en jouant contre les forts, et par la recherche des problèmes proprements dits.

Mat du Roi et de la Dame contre le Roi.

Dans n'importe quelle position, il se fait en neuf coups. La manière la plus prompte est d'acculer le Roi à la bande, de placer votre Roi vis à vis, et le mat suit immédiatement. Prenez garde au Pat ; exemple :

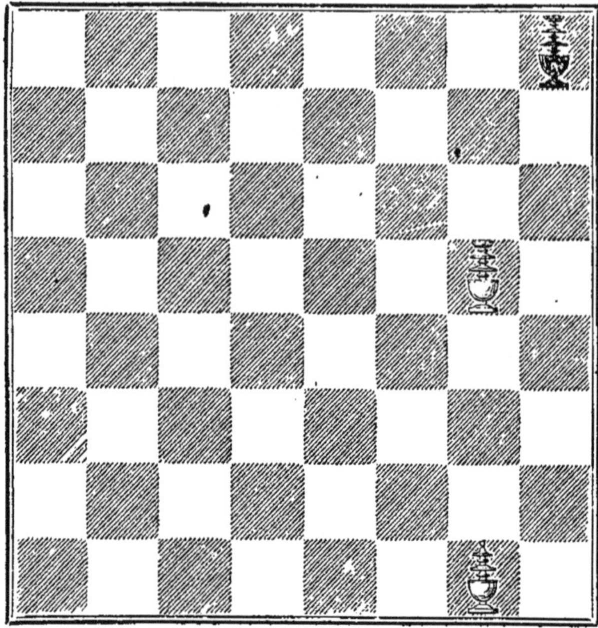

Si vous jouez votre R. à la 6e du F., vous faites mat le coup suivant, si vous le portez à la 6e case de la Tour, c'est Pat.

Si vous placez le Roi noir sur une des cases voisines des cases de la bande et le Roi blanc à la distance d'un saut du Cavalier, sur une des quatre cases centrales, vous pourrez placer la Reine où vous voudrez et faire le mat en quatre coups au plus. Il faudra un coup de moins lorsque la Dame sera située sur une case aboutissant à la 8e de son Cavalier.

Cependant, cette règle offre une remarquable exception. Supposez : R. bl. 5e D. D. 2e D. et R. n. 3e CD. — Le mat n'est possible qu'en cinq coups.

Le mat est en six coups au plus lorsque la Dame retient le Roi sur une des cases de la bande, quel que soit d'ailleurs l'éloignement des Rois.

Mat du Roi et de la Tour contre le Roi.

Dans n'importe quelle position, le mat sera possible en quinze coups au plus, et non pas en dix-neuf comme le veut Ponziani.

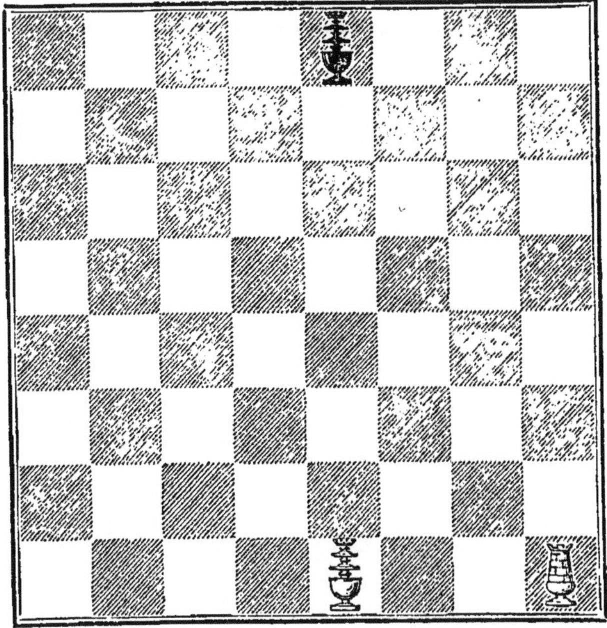

B.

1 T. R. à sa 7e.

Pour l'empêcher de quitter la bande.

2 R. à sa 2e.

Maintenant que vous avez emprisonné le Roi adverse, vous vous hâtez d'accourir.

3 T. 7e T. D.

4 R. 3e R.

5 R. 4e R.

6 R. 5e D.

7 R. 6e D.

8 T. 7e T. R.

9 T. 7e C. R.

Le mat n'est possible qu'autant que les Rois se trouvent vis-à-vis l'un de l'autre.

10 R. 6e F. D.

11 R. 6e C. D.

12 T. 8e C. R.

N.

R. c. F.

Le meilleur coup.

R. c. C.

Il vous oblige à remuer la Tour; temps gagné.

R. c. F. R.

R. c. R.

R. c. D.

R. c. F. D.

R. c. C. D.

Encore un retard.

R. c. F. D.

R. c. C. D.

R. c. T.

R. c. C.

Ech. et mat.

Placez les pièces au hasard sur l'Échiquier, et exercez-vous à trouver ce mat en un petit nombre de coups.

Mat du Roi et des deux Fous contre le Roi.

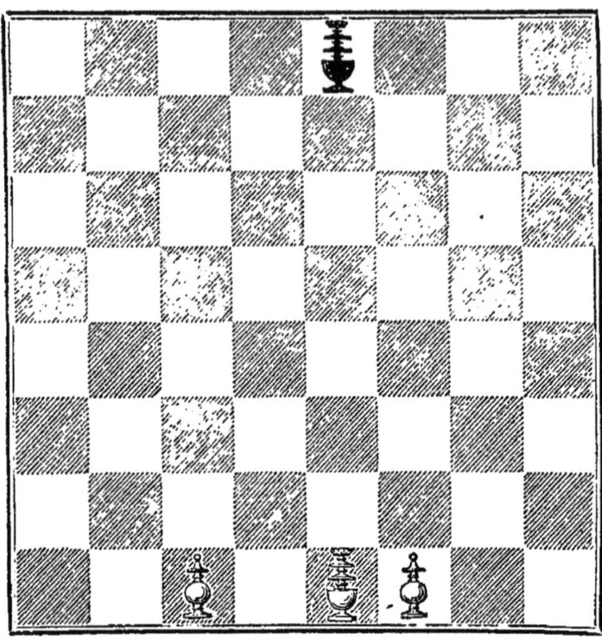

Il est nécessaire pour cela de conduire le Roi ennemi dans un des angles de l'Échiquier : votre plan doit être de jouer les Fous de manière à resserrer le terrain autour de lui.

B.	N.
1 F. R. 3e T. R.	R. c. D.
2 F. D. 4e F. R.	R. à sa 2e.
3 R. à sa 2e.	R. 3e F.

Vos Fous barrent le centre, vous pouvez donc amener votre Roi.

B.	N.
4 R. 3e F. R.	R. à sa 2e.
5 F. R. 5e F. R.	R. 3e F. R.
6 R. 4e C.	R. à sa 2e.

Toujours évitant les coins.

B.	N.
7 R. 5e C.	R. c. D.
8 R. 6e F.	R. à sa c.
9 F. D. à sa 7e.	R. c. F.
10 F. R. 7e D.	R. c. C.
11 R. 6e C.	R. c. F.

12	F. D. 6e D. (Ech.)	R. c. C.
13	F. R. 6e R. (Ech.)	R. c. T.
14	F. D. 5e R. (Ech. et mat.)	

Cette sorte de mat se présente rarement, mais ce que nous venons d'exposer forme une leçon très instructive sur la manière de jouer les Fous.

Le Roi et deux Cavaliers contre le Roi.

Impossible de faire mat, à moins que le Roi adverse n'ait un Pion ou des Pions à jouer, cas dans lequel un seul Cavalier suffit pour donner l'Échec et mat.

Mat du Roi, du Fou et du Cavalier contre le Roi.

Ceci est une fin de partie assez difficile et qui mérite une attention particulière, en ce qu'elle montre l'action combinée de deux pièces dont les mouvements sont différents. Pour faire ce mat, il faut réduire le Roi adverse dans un des deux angles de l'Échiquier commandés par le Fou; dans l'exemple suivant, le Roi a été placé à dessein à l'extrémité opposée.

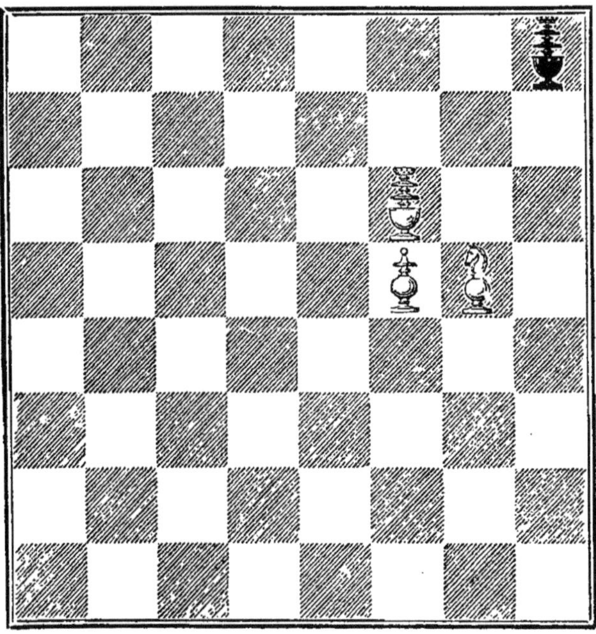

B.	**N.**
1 C. 7e F. R. (Éch.)	R. c C.
2 F. 4e R.	R. c. F.
3 F. 7e T. R.	R. à sa c.
4 C. 5e R.	R. c. F. (ou var. *A.*)

Les coups suivants pourront paraître moins bons que d'autres à l'élève, mais en les étudiant, il en comprendra la justesse.

B.	**N.**
5 C. 7e D. (Éch.)	R. à sa c.
6 R. à sa 6e.	R. c. D.
7 R. 6e D.	R. à sa c.

En jouant R. c. F. D. la défaite est plus rapide.

B.	**N.**
8 F. 6e C. R. (Éch.)	R. c. D.
9 C. 5e F. D.	R. c. F. D.
10 F. 7e F. R.	R. c. D.

La meilleure manière prolonger la partie :

B.	**N.**
11 C. 7e C. D. (Éch.)	R. c. F. D.
12 R. 6e F. D.	R. c. C. D.
13 R. 6e C. D.	R. c. F. D.
14 F. 6e R. (Éch.)	R. c. C. D.
15 C. 5e F. D.	R. c. T. D.
16 F. 7e D.	R. c. C. D.
17 C. 6e T. D. (Éch.)	R. c. T. D.
18 F. 6e F. D.	Éch. et mat.

Variante A.

Les pièces comme dans le Diagramme, et répétez les quatre premiers coups des Blancs, les trois premiers des Noirs, et à leur 4e, au lieu de R. c. F., jouez :

B.	**N.**
	R. c. D.
5 R. à sa 6e.	R. 2e F. D.
6 C. 7e D.	R. 3e F. D.

C'est ce qu'il a de mieux à faire pour éviter le coin fatal. S'il jouait R. 2e C. D., répondez par F. 3e D., et si ensuite il jouait R. 3e F. D. vous pouvez porter le F. à la 4e F. D. et le forcer à gagner l'angle.

B.	**N.**
7 F. 3e D.	R. 2e F. D.
8 F. 5e C. D.	R. c. D.
9 C. 5e R.	R. 2e F. D.
10 C. 4e F. D.	R. c. D.
11 R. 6e D.	R. c. F. D.
12 C. 5e T. D.	R. c. D.
13 C. 7e C. D. (Éch.)	R. c. F. D.

14	R. 6e F. D.	R. c. C.
15	C. 6e D.	R. 2e T.
16	R. 7e F. D.	R. c. T.
17	F 4e F. D.	

Si vous jouez votre C. 8e F. D.
son Roi ne pourra plus bou-
ger, et, n'étant pas en Échec,
il est Pat. Surveillez donc
chacun de vos coups avec le
plus grand soin.

18	C. 8e F. D. (Éch.)	R. c. T.
19	F. 5e D. (Éch. et Mat.)	

Le Roi et un Pion contre le Roi.

On sait qu'un Pion qui atteint la 8e case se transforme à la vo-
lonté du joueur, et qu'il devient Dame, Tour, Fou ou Cavalier,
quoique ces pièces n'aient pas encore disparu de l'Échiquier, de
telle sorte qu'on peut avoir trois Dames ou trois Cavaliers à la fois.

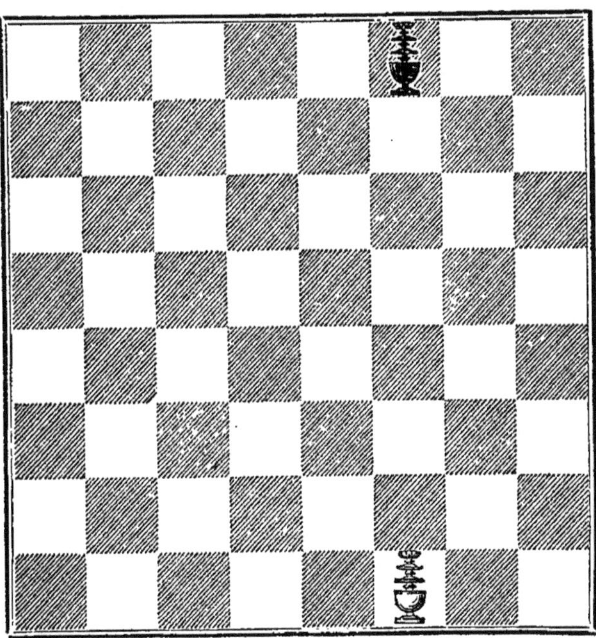

Le diagramme ci-dessus va nous servir à démontrer l'importance de « l'opposition. » Voici en quoi consiste ce qu'on est convenu d'appeler l'opposition :

Quand les deux Rois sont vis-à-vis, celui qui aura le trait gagne l'opposition, et il ne peut la perdre en se plaçant toujours dans la même ligne à un des intervalles impairs, 5, 3, 1. Supposons :

	B.	**N.**
1	R. à sa 2e	R. à sa 2e
		Si le Noir jouë R. 2e F. ou
		2e D., vous répondez par R. 3e
		F. ou 3e D.
2	R. à sa 3e.	R. à sa 3e.
3	R. à sa 4e.	

Les deux Rois ne peuvent s'approcher de plus près. Le Noir est maintenant obligé de reculer ou de se ranger, et le Blanc atteindra la bande. Voyons l'application de ce principe :

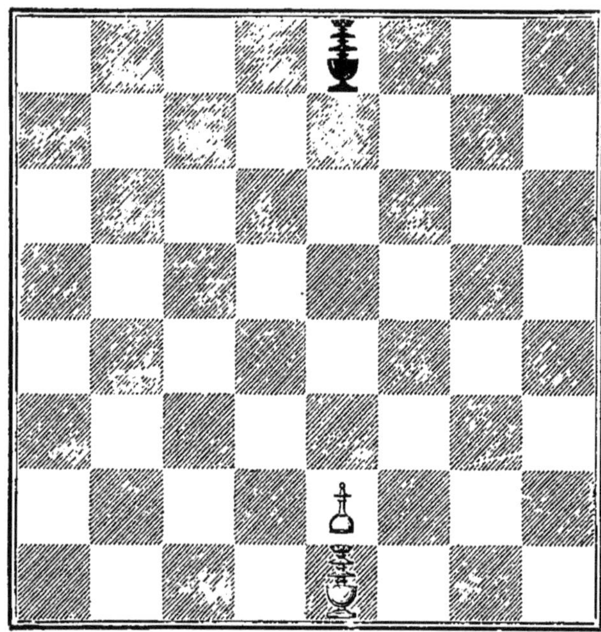

Dans cette partie, si c'est aux Blancs de jouer, ils peuvent gagner ; mais, si le Noir a le trait, il peut faire une nullité. D'abord, le Blanc commence :

	B.	**N.**
1	R. 2e D.	R. à sa 2e.
2	R. à sa 3e.	R. à sa 3e.

En général, le Roi doit être
en avant du Pion.

	B.	N.
3	R. à sa 4e.	R. 3e F.
4	R. 5e D.	R. 2e R.
5	R. à sa 5e.	R. 2e F.
6	R. 6e D.	R. à sa c. ou C. F.

S'il joue R. 3e F., avancez le P. 4e R. et 5e R., il va à sa case et vous regagnez l'opposition en jouant R. à sa 6e.

7	R. à sa 6e.	

Et en avant avec le Pion.

Replacez les Pièces et supposez que le Noir ait le trait :

	B.	N.
		R. à sa 2e.
2	R. 2e C. D.	R. à sa 3e.
3	R. à sa 3e.	R. à sa 4e.
4	R. 3e D.	R. 4e D.
5	P. 3e R. ou 4e R. (Éch.)	Le Noir conserve l'opposition.

Voici une autre position du même genre. Si c'est au Blanc de jouer il gagne en portant le Roi à sa 6e, comme dans l'exemple précédent ; mais si le Noir a le trait il peut annuler la partie, en jouant :

	B.	N.
		R. à sa 2e.
2	R. 5e F. R.	R. 2e F.
3	P. 5e R.	R. 2e R.
4	P. 6e R.	R. c. R.

Si, au lieu de jouer là son Roi, il le joue à la case de la Dame ou du Fou, vous gagnez.

5	R. 6e F.	R. c. F.
6	P. 7e R. (Éch.)	R. à sa 2e.

Et vous êtes contraint soit à abandonner votre Pion, soit à faire Pat.

Quoiqu'ayant l'opposition, vous ne pourrez la garder à cause de la position du Pion, comme vous le verrez ci-contre :

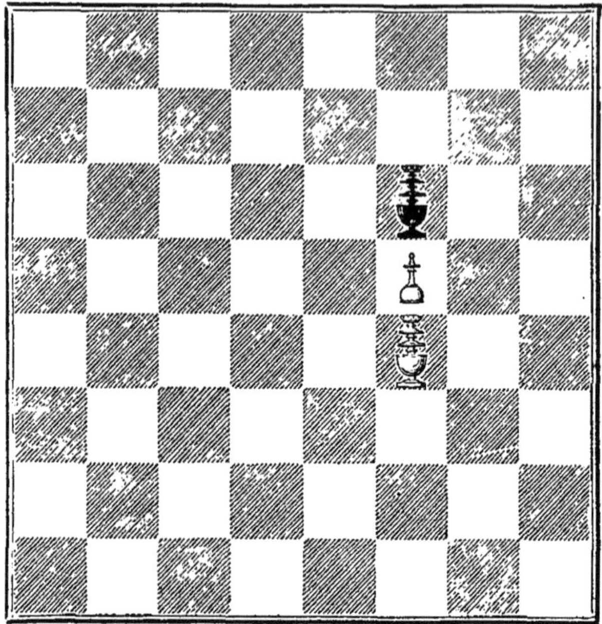

Et peu importe que les Noirs aient ou n'aient pas le trait.

	B.		**N.**
1	R. à sa 4e.		R. 2e F.

De même, s'il joue le premier, il place son R. 2e F., et de quelque côté que vous jouiez il se mettra en opposition.

	B.	**N.**
2	R. 5e R.	R. 2e R.
3	P. 6e F. R. (Éch.)	R. 2e F.
4	R. 5e F.	R. c. F.
5	R. à sa 6e.	R. c. R.
6	R. 5e F.	R. 2e F.
7	R. 5e C.	R. c. F.
8	R. 6e C.	R. c. C.
9	P. 7e F. R. (Éch.)	

Il faudra abandonner le P. ou faire Pat.

Ce qui vient d'être dit s'applique à toutes les colonnes de l'Échiquier, *hors celles des Tours*. Quand le Pion est sur une de ces dernières, il suffit au Noir de se mettre sur la même ligne, à n'importe quel intervalle, pour annuler la partie.

Un exemple rendra cela évident :

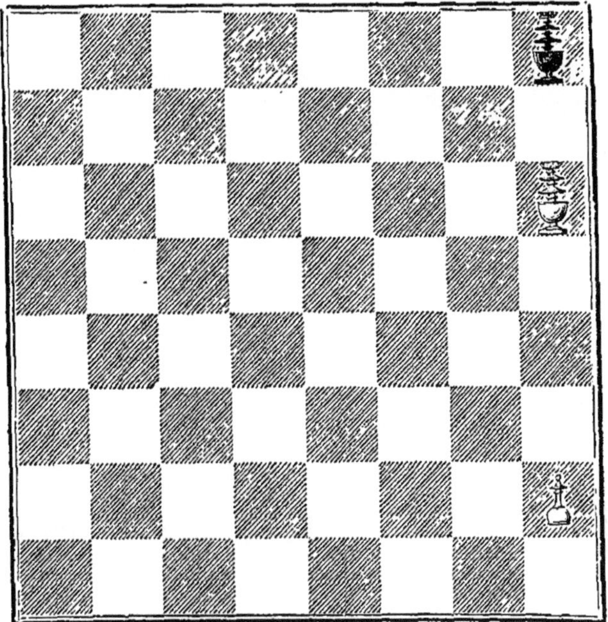

Vous ne pourrez jamais empêcher le Roi noir de jouer à la case du Cavalier puis à la case de la Tour, et du moment que vous aurez avancé le Pion à la 7e de la Tour, c'est Pat.

Si c'est le Roi blanc qui est à la bande et que le Roi noir ait gagné l'*opposition latérale*, la partie est encore nulle.

Le Roi et deux Pions contre le Roi.

Deux Pions unis gagneront toujours contre le Roi seul : cependant il faut prendre garde au Pat.

Dans le diagramme suivant, vos Pions se défendent mutuellement, car si le Roi prenait celui qui est derrière, l'autre marcherait à Dame : alors vous marchez avec votre Roi et la partie est forcée, à la condition de jouer avec soin.

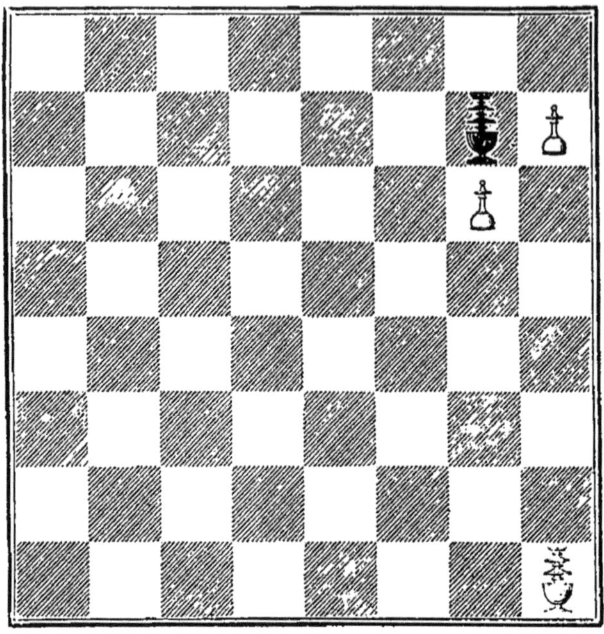

B.	**N.**
1 R. 2e T.	R. c. T. (Forcé.)
2 R. 3e T.	R. 2e C.
3 R. 4e T.	R. c. T.
4 R. 5e C.	R. 2e C.
5 P. 8e T. R. F. D. (Éch.)	R. pr. D.

C'est la seule manière d'empêcher la remise.

6 R. 6e T.	R. c. C.
7 P. 7e C. R.	R. 2e F.
8 R. 7e T.	

Et le Pion avancera à Dame
le coup suivant.

Avec deux Pions désunis on gagne aussi le plus fréquemment.
(V. diagramme suivant.)

B.	**N.**
1 R. 3e C. D.	R. 4e F.
Peu importe qui a le trait.	S'il attaque un des Pions l'autre avance.
2 P. 4e T.	R. 3e C.
3 P. 4e F. R.	R. 3e T.

4	P. 5e F. R.	R. 2e C.
5	P. 5e T. R.	R. 2e F.
6	P. 6e T. R.	R. c. C.
7	P. 6e F. R.	R. 2e T.
8	P. 7e F. R.	

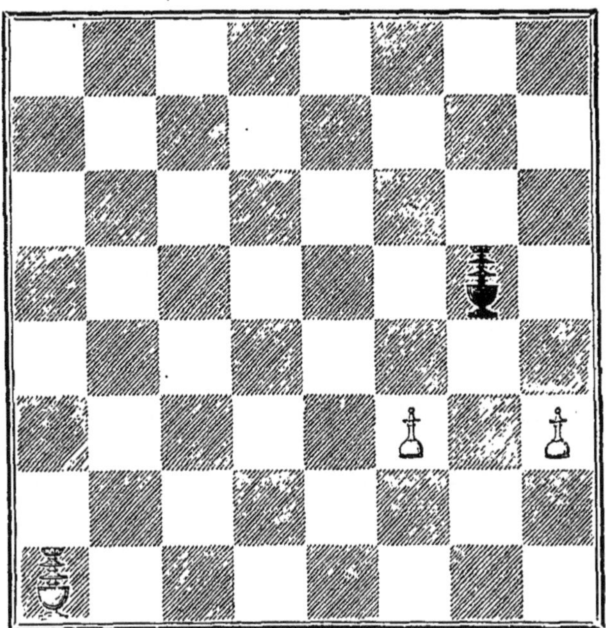

Ainsi, généralement, vous gagnerez avec un et deux Pions contre le Roi seul. Si votre Pion est soutenu par une pièce, à bien plus forte raison.

Il existe pourtant de remarquables exceptions.

Je suppose que vous ayez un Pion sur la colonne de la Tour du Roi et un Fou blanc : *il suffira au Roi noir de s'emparer de la case du coin* pour annuler la partie; essayez vous-même en plaçant comme il faut les pièces sur l'Échiquier.

Autre cas : le Roi blanc à la 8e T. D., un Pion blanc à 7e T. D., un Cavalier blanc sur une case blanche, à votre choix. Le Roi noir à la case du Fou de la Dame; à qui de jouer? aux Noirs? les Blancs gagnent. Si c'est aux Blancs, la partie sera nulle, car le Roi noir ne pourra pas être délogé de deux cases qu'il occupera alternativement, celle du Fou et la 2e du Fou.

Roi et Dame contre Roi et Tour.

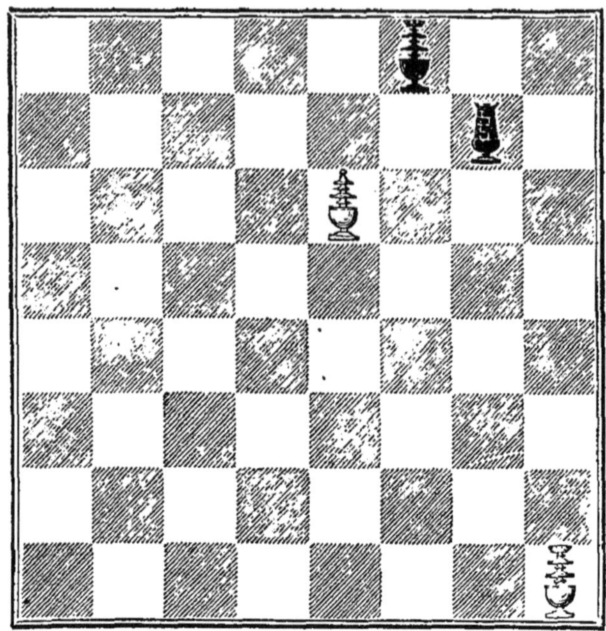

Les noirs peuvent s'assurer la remise s'ils ont le trait.

B.	N.
	T. 2e T. R. (Éch.)
2 R. 2e C.	T. 2e C. R. (Éch.)
3 R. 3e F.	T. 2e F. R. (Éch.)
4 R. 4e C.	T. 2e C. R. (Éch.)

Il est évident que si vous jouez derrière la Reine, il la gagne par T. 2e R.

5 R. 5e F.	T. 2e F. R. (Éch.)
6 R. 6e C.	T. 2e C. R. (Éch.)
7 R. 6e T.	T. 2e T. R. (Éch.)

Comme il faut le faire Pat, si vous prenez la Tour il peut persister à répéter les mêmes Échecs. Si vous jouez à la 6e F. au lieu de 6e T., le Noir donnera l'Échec à la 8e C. R., etc.

Mais c'est une exception, la règle est que la Dame gagne contre la Tour. L'exemple suivant est de Lolli.

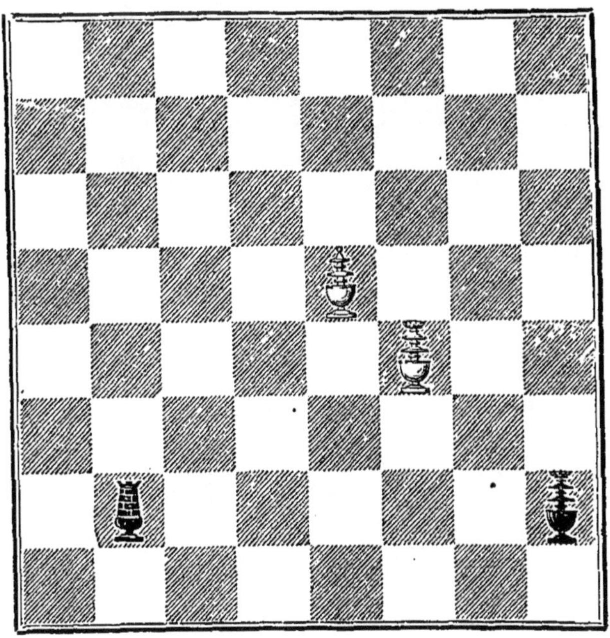

<table>
<tr><td>B.</td><td>N.</td></tr>
<tr><td></td><td>T. 7e F. R. (Éch.)</td></tr>
<tr><td>2 R. à sa 3e. (Éch. déc.)</td><td>R. 8e C. (Meill.)</td></tr>
<tr><td>3 D. 3e C. (Éch.)</td><td>R. 8e T.</td></tr>
<tr><td>4 D. 4e T. R. (Éch.)</td><td>T. 7e T. R.</td></tr>
<tr><td>5 D. c. R. (Éch.)</td><td>R. 7e C.</td></tr>
<tr><td>6 D. 2e R. (Éch.)</td><td>R. 6e T.</td></tr>
</table>

S'il joue le Roi 8e T., Échec et mat le coup suivant.

<table>
<tr><td>7 D. 3e F. R. (Éch.)</td><td>R. 5e T.</td></tr>
<tr><td>8 R. 4e F.</td><td>T. 7e F. R.</td></tr>
<tr><td>9 D. pr. T. (Éch.)</td><td>R. 4e T.</td></tr>
<tr><td>10 D. 6e C.</td><td>R. 3e T.</td></tr>
<tr><td>11 D. 6e T. R. (Éch. mat.)</td><td></td></tr>
</table>

Roi et Dame contre Roi, Tour et Pion.

Malgré quelques exceptions, la Dame doit gagner. Prenons deux exemples de Cozio :

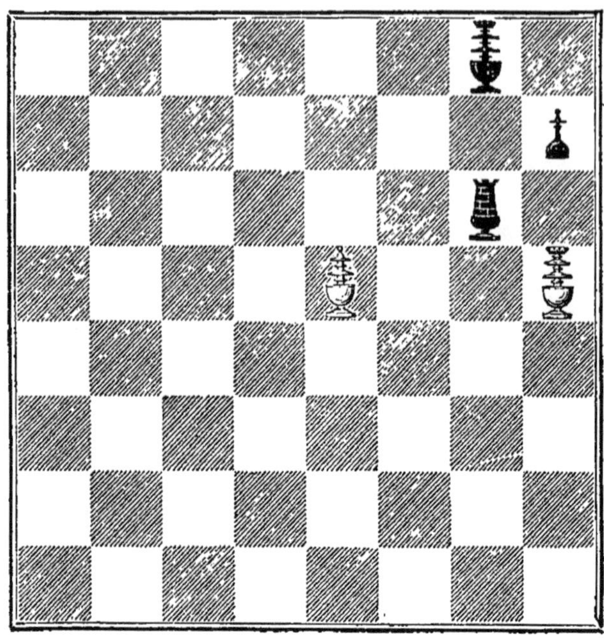

B.	**N.**
1 D. 8e R. (Éch.)	R. 2e C.
2 D. 7e R. (Ech.)	R. c. C.
3 D. à sa 7e.	R. c. T.
4 D. 7e F. R.	T. 2e C. R.
5 D. 8e F. R. (Éch.)	T. c. C. R.
6 D. 6e F. R. (Ech.)	T. 2e C. R.
7 R. 6e T.	R. c. C.
8 D. pr. T.	Mat.

Il existe, dans Philidor, une magnifique démonstration du gain de la partie, par la Dame contre Tour et Pion, dans la position suivante :

B.	**N.**
R. 4e F. R.	R. 2e R.
D. 3e D.	T. 4e R.
	P. 3e D.

Voyez la deuxième édition de son analyse.

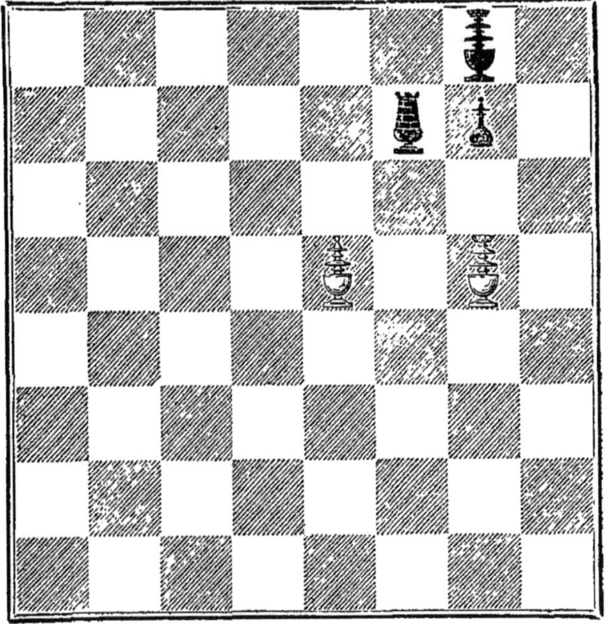

Les Noirs ont le trait.

	B.	**N.**
		T. 3e F. R.
2	D. 8e R. (Éch.)	R. 2e T.
3	D. 5e T. R. (Éch.)	R. c. C.
4	D. 8e R. (Éch)	R. 2e T.
5	D. 7e R.	T. 3e C. (Éch.)
6	R 5e F.	T. 3e F. (Éch.)

Partie nulle.

Roi et Dame contre Roi et deux pièces secondaires.

Nous devons nous borner à dire que la Reine gagne dans la plupart des cas contre deux Fous ou deux Cavaliers.

Il est bon d'ajouter que la défense est beaucoup plus facile avec les Fous; quelques auteurs ont même déclaré que, si les coups justes sont joués de part et d'autre, la nullité est forcée.

Roi et Dame contre Roi et un ou plusieurs Pions.

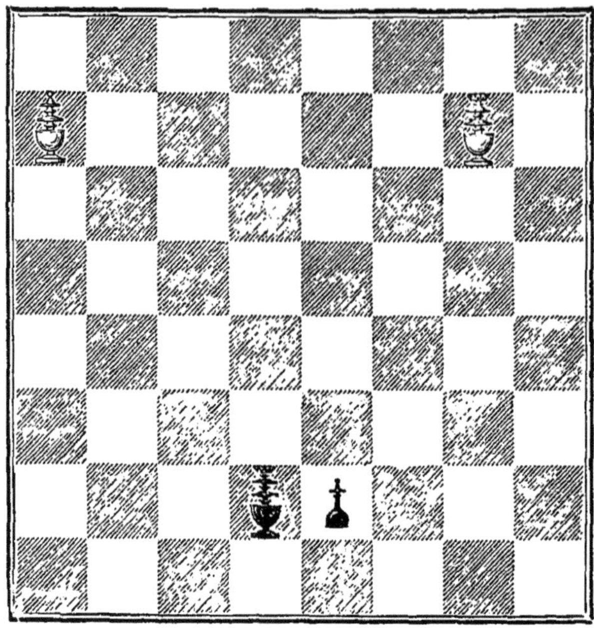

	B.	**N.**
	D. 2e F. R.	R. 8e D.

L'empêchant d'avancer son Pion.

	B.	N.
2	D. à sa 4e. (Éch.)	R. 2e F. D.
3	D. 3e R.	R. 8e D.
4	D. à sa 3e. (Éch.)	R. à sa 8e.

Il faut que le Noir abandonne son Pion ou lui ferme le passage.

	B.	N.
5	R. 6e F.	R. 7e F. (Meill.)
6	D. à sa 2e c.	R. 8e F.
7	D. 4e F. R. (Éch.)	R. 8e C.
8	D 3e R. (Éch.)	R. 8e F.
9	D. 3e F. (Éch.)	R. à sa 8e.
10	R. à sa 5e.	R. 7e D.
11	D. 2e F. R.	R. 8e D.
12	D. à sa 4e. (Éch.)	R. 7e F. D.
13	D. 3e R.	R. 8e D.
14	D. à sa 3e. (Éch.)	R. à sa 8e.

Encore un temps gagne.

15 R. à sa 4e.	R. 7e F.
16 D. 3e F. R. (Éch.)	R. à sa 8e.
17 R. 3e D.	R. 8e D.
18 D. pr. P. (Éch.)	Mat.

Par exception, la Reine peut ne pas forcer la partie contre le Pion d'un des Fous poussé à la 7e case. La nullité se rencontre aussi quelquefois quand c'est le Pion de la bande.

Roi et Tour contre Roi et Fou.

Cette fin de partie aboutira généralement à la remise. Le joueur qui a le Fou doit gagner l'angle que son Fou ne bat pas.

Roi et Tour contre Roi et Cavalier.

La Tour gagne plus facilement contre le Cavalier que contre le Fou. Le joueur qui a le Cavalier doit tâcher de le maintenir près de son Roi.

Roi, Tour et Pion contre Roi et Fou.

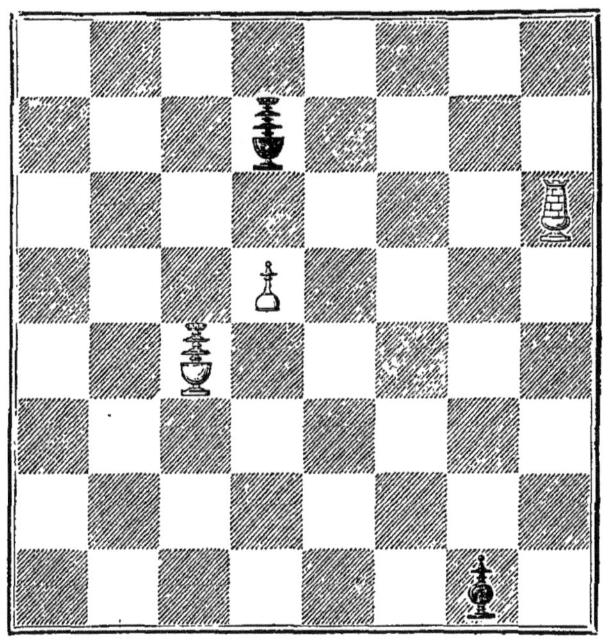

B.	N.
1 T. 6e C. R.	F. 7e F. R.
2 R. 3e D.	F. 8e R.

<table>
<tr><td>3 R. 4e D.</td><td>F. 7e D.</td></tr>
<tr><td>4 R. à sa 5e.</td><td>F. 6e F. D. (Éch.)</td></tr>
<tr><td>5 R. 5e F.</td><td>F. 5e C. D.</td></tr>
</table>

Curieux exemple de nullité. Rappelez-vous que la Tour gagne souvent contre le Fou seul, il est donc certain que, dans presque toute position, l'addition du Pion force le jeu.

Roi, Tour et Pion contre Roi et Tour.

C'est nulle en mainte circonstance, mais on peut gagner, par exemple, en empêchant le Roi adverse d'approcher de la ligne dans laquelle le Pion marche à Dame.

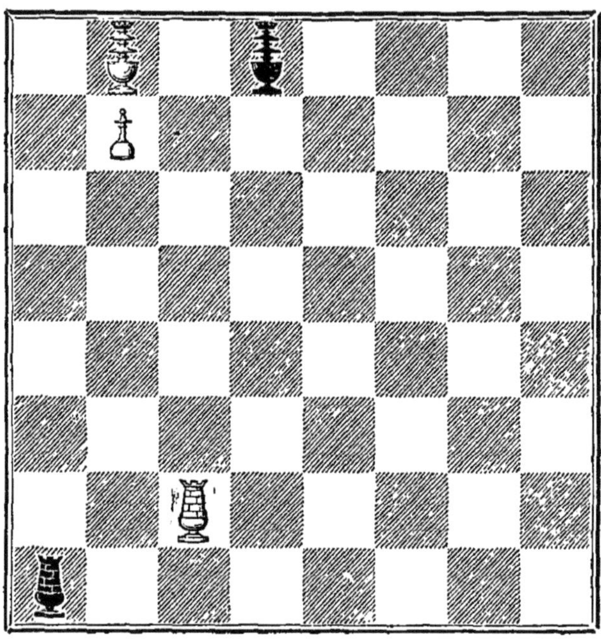

<table>
<tr><td>B.</td><td>N.</td></tr>
<tr><td>1 T. 5e F. D.</td><td>T. 7e T D.</td></tr>
</table>

Il reste dans cette ligne pour défendre au Roi de sortir.

<table>
<tr><td>2 T. 5e D. (Éch.)</td><td>R. à sa 2e.</td></tr>
<tr><td>3 R. 7e F. D.</td><td>T. 7e F. D. (Éch.)</td></tr>
<tr><td>4 R. 6e C. D.</td><td>T. 7e C. D. (Éch.)</td></tr>
<tr><td>5 T. 5e C. D.</td><td>T. pr. T. (Éch.)</td></tr>
<tr><td>6 R. pr. T.</td><td></td></tr>
</table>

Et gagne.

Roi et Tour contre Roi et un ou plusieurs Pions.

Vous savez déjà qu'un Pion suffit quelquefois quand chacun a un Pion pouvant faire Dame en même temps, la bataille reste indécise. Cependant, si votre Pion arrive à Dame par Échec, vous gagnerez peut-être. Cozio nous a laissé ce modèle :

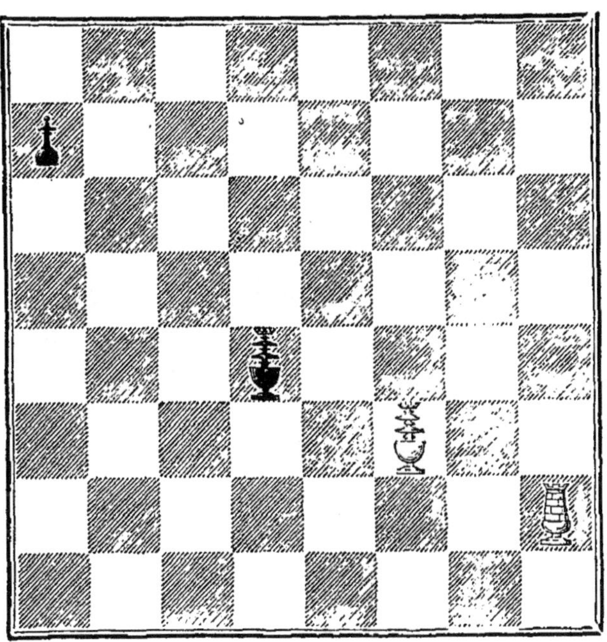

	B.	**N.**
		P. 4e T. D.
2	P. 4e T. R.	P. 5e T. D.
3	P. 5e T. R.	P. 6e T. D.
4	P. 6e T. R.	P. 7e T. D.
5	P. 7e T. R.	P. f. D.
6	P. f. D. (Éch.)	R. joue.
7	D. pr. D. et gagne.	

Ceci doit vous montrer l'importance qu'il y a à considérer la position respective des Rois avant de pousser les Pions à Dame.

Deux Pions gagnent contre un, excepté dans un très petit nombre de cas.

Supposons maintenant deux Pions contre deux Pions. Un léger avantage de position assurera la partie à l'un ou à l'autre joueur.

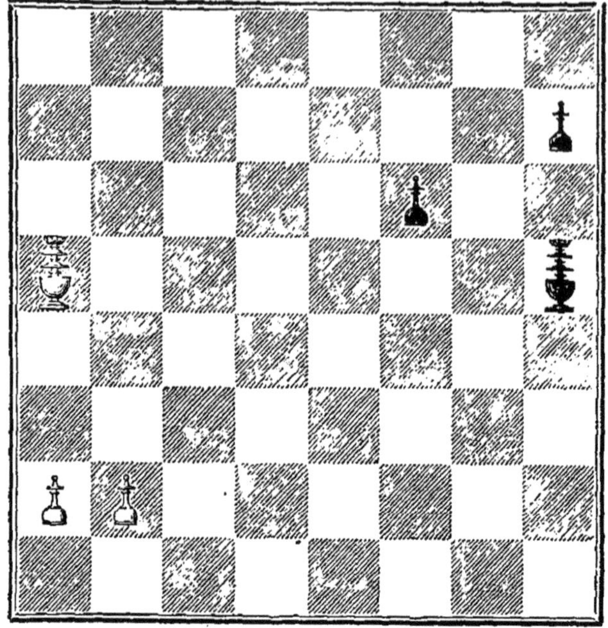

En juin 1840, M. Gesrges Walker a publié, dans *Bell'slife*, la belle position qui suit :

R. bl. c. D.
P. bl. 2ᵉ T. D. 2ᵉ C. D. 2ᵉ F. D.
R. n. c. R.
P. n. 2ᵉ T. R. 2ᵉ C. R. 2ᵉ F. R.

Les Blancs, avec le trait, gagnent.

1	R. 2ᵉ R.	R. 2ᵉ D.	6	P. 4ᵉ C.	P. 4ᵉ C.
2	R. 3ᵉ F.	R. 3ᵉ F.	7	P. 5ᵉ T. (Éch.)	R. 3ᵉ T.
3	P. 4ᵉ T.	P. 4ᵉ T.	8	P. 5ᵉ F.	P. 5ᵉ T. (Éch.)
4	P. 4ᵉ F.	P. 4ᵉ F.	9	R. 3ᵉ T.	R. 4ᵉ C.
5	R. 3ᵉ C.	P. 4ᵉ C.	10	R. 2ᵉ T. et gagnent.	

Pour faire partie nulle contre la Dame, il n'est donc pas surprenant qu'on arrive plus aisément au même résultat contre la Tour. Nous allons voir que deux Pions unis gagnent lorsqu'ils sont parvenus à la 6ᵉ case.

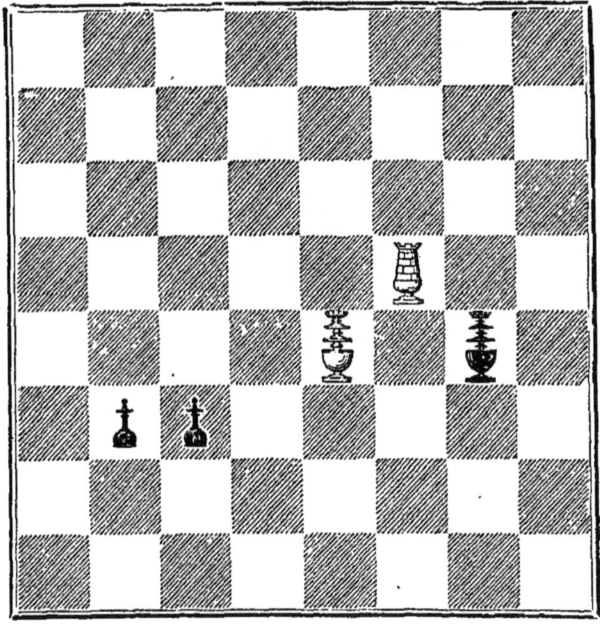

B.   **N.**

Donnons le trait aux Blancs.

1 T. 3e F. R.	P. 7e C. D.

Si vous attaquez les Pions par derrière, l'un d'eux pourra marcher à Dame.

2 T. c. F. R.	P. 7e F. D.
3 T. c. C. R. (Éch.)	R. 6e T.
4 R. 3e F. R.	P. f. D. et gagne.

Roi et deux Tours contre Roi et Tour.

Les deux Tours gagneront, sauf dans un petit nombre de positions bizarres.

Roi, Tour et Fou contre Roi et Tour.

Pendant deux siècles, les autorités aux Échecs ont cru que la partie était gagnée pour celui qui a le Fou; mais, après bien des recherches, on penche de nos jours pour la négative. — Philidor donne une position *où l'on peut toujours*, dit-il, *réduire la défense*, et alors il prouve, de la manière la plus ingénieuse, que la partie est forcée; pourquoi n'a-t-il pas eu l'idée de démontrer la proposition principale?

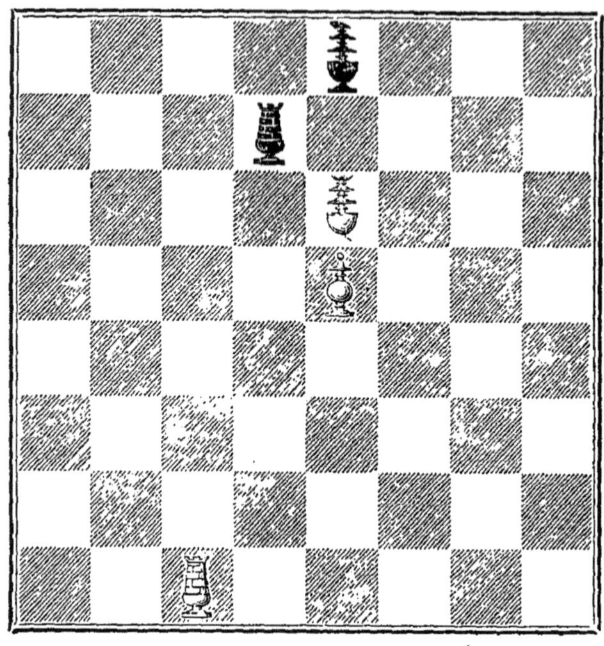

<table>
<tr><td colspan="2" align="center">B.</td><td colspan="2" align="center">N.</td></tr>
<tr><td>1</td><td>T. 8e F. D. (Éch.)</td><td>T. c. D.</td></tr>
<tr><td>2</td><td>T. 7e F. D.</td><td>T. 7e D.</td></tr>
<tr><td>3</td><td>T. 7e C. D.</td><td>T. 8e D.</td></tr>
<tr><td>4</td><td>T. 7e C. R.</td><td>T. 8e F. R. (1).</td></tr>
<tr><td>5</td><td>F. 3e C. R</td><td>R. c. F. (2).</td></tr>
<tr><td>6</td><td>T. 4e C. R.</td><td>R. à sa c.</td></tr>
<tr><td>7</td><td>T. 4e F. D.</td><td>T. 8e D. (3).</td></tr>
<tr><td>8</td><td>F. 4e T. R.</td><td>R. c. F.</td></tr>
<tr><td>9</td><td>F. 6e F. R.</td><td>T. 8e R. (Éch.)</td></tr>
<tr><td>10</td><td>F. 5e R.</td><td>R. c. C. R.</td></tr>
<tr><td>11</td><td>T. 4e T. R.</td><td>L'unique ressource est de sacrifier la Tour.</td></tr>
</table>

(1, 2, 3) Cherchez les variantes qui résultent des autres coups possibles. L'analyse complète de cette admirable fin de partie se trouve dans le *Handbook*.

11.

Roi et Pions contre Roi et Pions.

Voici quelques exemples de fins de parties dans lesquels chaque joueur reste avec un ou plusieurs Pions.

Les Blancs ayant le trait gagneront.

B.	N.
1 P. 4e C. D.	P. 4e F. R.
2 P. 5e C. D.	P. 5e F. R.
3 P. 6e C. D.	P. 6e F. R.
4 P. 7e C. D.	P. 7e F. R.
5 P. f. D.	P. f. D.
6 D. 5e C. (Éch.)	D. pr. D. (Éch.)

Par cet échange des Dames vous retirez le Roi de la ligne où il barrait le passage du Pion, avant que votre adversaire en puisse faire autant.

7 R. pr. D.	R. 5e C.
8 P. 4e T. D.	P. 4e T. R.
9 P. 5e T. D.	P. 5e T. R.
10 P. 6e T. D.	P. 6e T. R.
11 P. 7e T. D.	P. 7e T. R.
12 P. f. D.	R. 6e C.
13 D. c. T. R.	

Le Roi viendra en aide et vous gagnerez sans peine.

Les indications qui précèdent sont de nature à guider les premiers pas que fait un élève dans le labyrinthe où il faut absolument s'engager quand on vise à devenir un très fort joueur, c'est-à-dire l'analyse des fins de parties. Pour ceux qui jouent sans prétendre à un glorieux avenir, ils trouveront dans ce résumé succinct un petit bagage de science indispensable, même à leur agrément, car s'il est vrai de dire que l'on aime à faire ce que l'on fait bien, c'est surtout à propos d'un jeu dont le principal attrait est la difficulté.

ÉTUDES
SUR LES FINS DE PARTIE

Extraites des *Chess Studies* de KLING et HORWITZ
(Londres 1851).

Roi et Pions contre Roi et Pions.

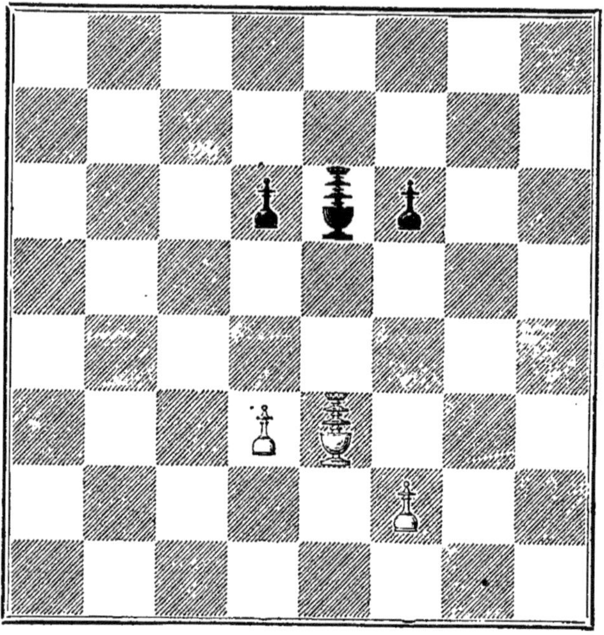

Les Blancs jouent et gagnent.

B.	N.
1 R. 4e R. (1)	**1** P. 4e D. (Éch.)
2 R. 4e F. R. (2)	**2** R. 3e D.

(1) Le seul coup pour gagner.
(2) Si les Blancs avaient joué R. 4e D., les Noirs annulaient.

3 R. 5e F. R.	3 R. 4e F. D. (ou A)
4 R. pr. R.	4 R. 5e D.
5 R. 6e R.	5 R. pr. P.
6 R. pr. P. et gagne.	

(A)

3	3 R. 2e R.
4 P. 4e D.	4 R. 2e F. S.
5 P. 4e F. et gagne.	

Cavaliers, Fous et Pions.

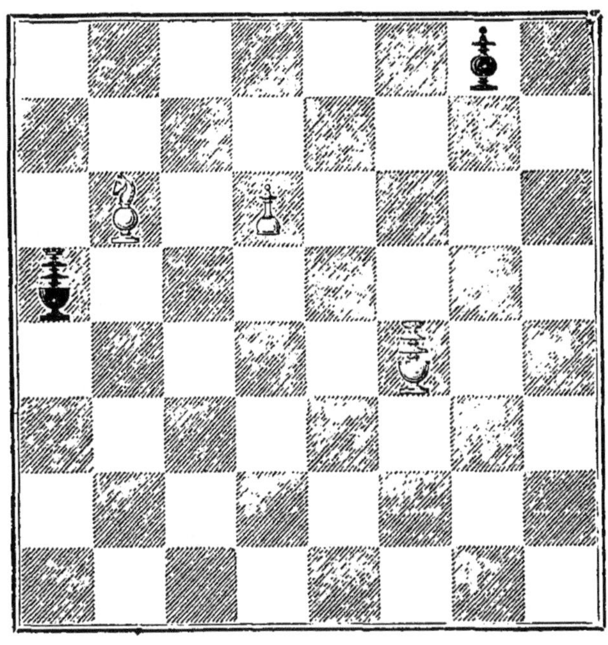

Les Blancs jouent et gagnent.

B.		N	
1 P. 7e D.		1 P. 7e T. R.	
2 P. fait D.		2 P. fait D.	
3 C. 5e D. (Éch.)		3 R. 4e C. D. (ou A)	
4 D. 6e C. D. (Éch.)		4 R. 5e F. D.	
5 D. 4e C. D. (Éch.)		5 R. 6e D. (Meill.)	
6 D. 3e F. D. (Éch.)		6 R. 7e R.	
7 D. 2e F. D. (Éch.)		7 R. 8e F. R.	

8	D. c. D. (Éch.)		8	R. 7e C. R.
9	C. 3e R. (Éch.)		9	R. 7e T. R.
10	D. 2e R. (Éch.)		10	R. 8e C. R
11	D. c. R. (Éch.		11	R. 7e T. R.
12	D. 3e C. R.			

Mat.

(A)

			3	R. 5e T. D.
4	D 8e T. D. (Éch.)		4	R. 6e C. D. (Meill.)
5	D. 7e C. D. (Éch.)		5	R. 6e T. D. (Meill.)
6	D. 4e C. D. (Éch.)		6	R. 7e T. D.
7	C. 3e F. D. (Éch.)		7	R. 8e T. D.
8	D. 3e T. D. (Éch.)		8	F. s'interpose.
9	D. pr. F.			

Mat.

La position ci-après est de nature à induire en erreur même un bon joueur d'Échecs. Elle sert à montrer qu'un Cavalier est le plus souvent supérieur au Fou dans les fins de parties.

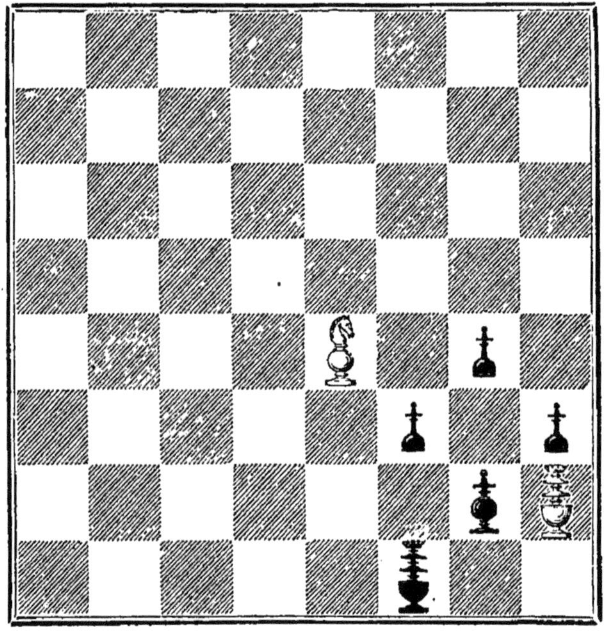

Les Blancs annulent.

B.	**N.**
1 C. 2e F. R.	1 P. 6e C. (Éch.) (ou A)
2 R. pr. P.	2 P. 7e T. R. (ou B)
3 R. pr. P.	

Nulle.

(A)

	1 F. 8e T. R.
2 C. pr. P. à 5e C. R. (1)	

Nulle.

(B)

	2 R. 8e T. R.
3 C. pr. P. (Éch.)	

Et annule la partie.

Voilà une position qui pourrait tromper du premier coup d'œil même un vétéran de l'Échiquier :

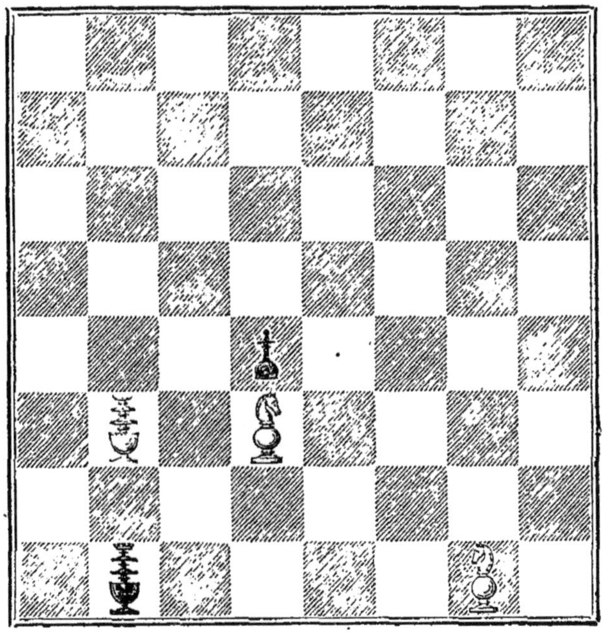

Les Blancs jouent et gagnent.

(1) Si dans la variante A les Blancs avaient pris le Fou, soit avec le Roi, soit avec le Cavalier, ils eussent perdu la partie.

B.	N.
1 C. 3e F. R.	
2 C. 3e F. R. ou 5e R.	Tous les
3 C. 4e F. D.	coups
4 R. 2e F. D.	du Roi Noir
5 C. 4e C. D. (Éch.)	sont
6 C. 3e T. D.	forcés.
7 R. 3e C. D.	
8 C. 4e C. D. et 2e F. D.	

Échec et Mat.

Deux Cavaliers ne peuvent pas gagner, à moins que l'adversaire n'ait un Pion. Mais aussi contre deux Pions, ou un plus grand nombre, les Cavaliers gagneront quelquefois.

Tour contre Pions.

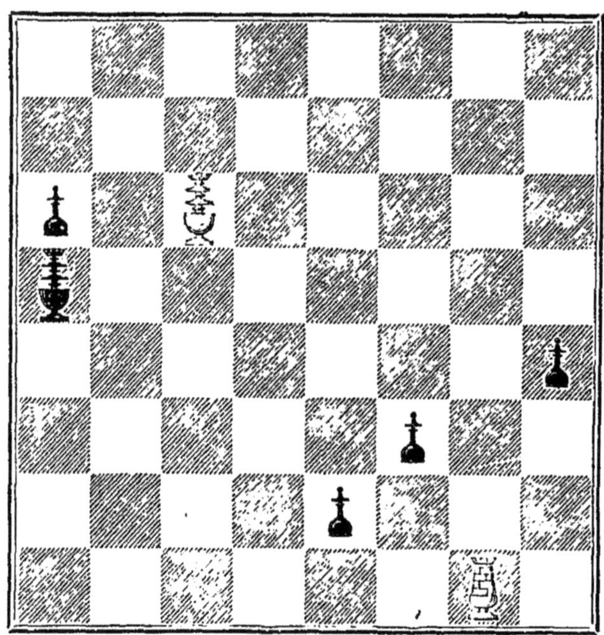

Les Blans, s'ils ont le trait, peuvent annuler, malgré les quatre Pions.

B.	**N.**
1 R. 5e F. D.	1 R. 5e T. D.
2 R. 4e F. D.	2 R. 6e T. D. (Meill.)
3 R. 3e F. D.	3 R. 7e T. D.
4 T. c. R.	4 P. 4e T. D.
5 R. 3e D.	5 R. 7e C. D.
6 R. 3. R.	6 P. 5e T. D.
7 R. pr. P.	7 P. 6e T. D.
8 T. pr. P. (Éch.)	

Et fait partie nulle.

Cette position montre la puissance de la Tour, quand elle est bien jouée, pour arrêter les Pions avancés.

Tour et Tour et Pion contre Fou ou Cavalier, avec ou sans Pions.

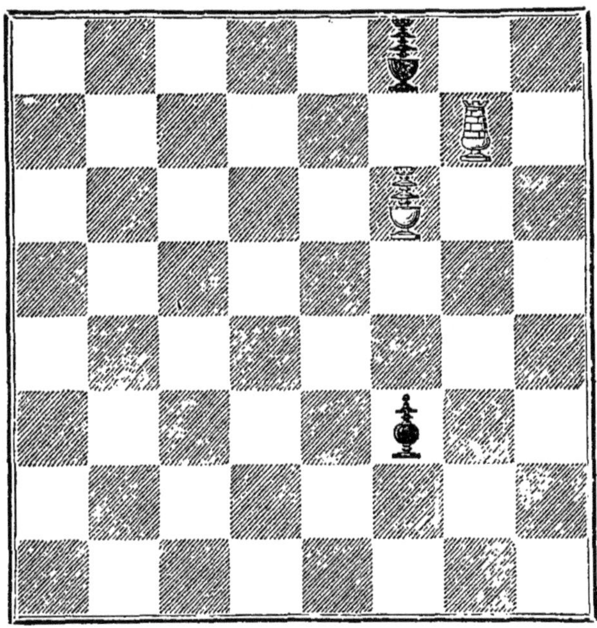

Les Blancs jouent et gagnent.

B.	**N.**
1 T. 3e C. R.	1 F. 5e R.
2 T. 4e C. R.	2 F. 6e F. R.
3 T. 4e F. R.	3 F. 7e C. R. (ou A)
4 T. 2e F. R.	4 F. 3e F. D. (Meill.)
5 F. 2e F. D.	5 F. 2e D.
6 T. 2e C. D. et gagne.	

Tour et Fou contre Tour et Pions, ou Petites Pièces et Pions.

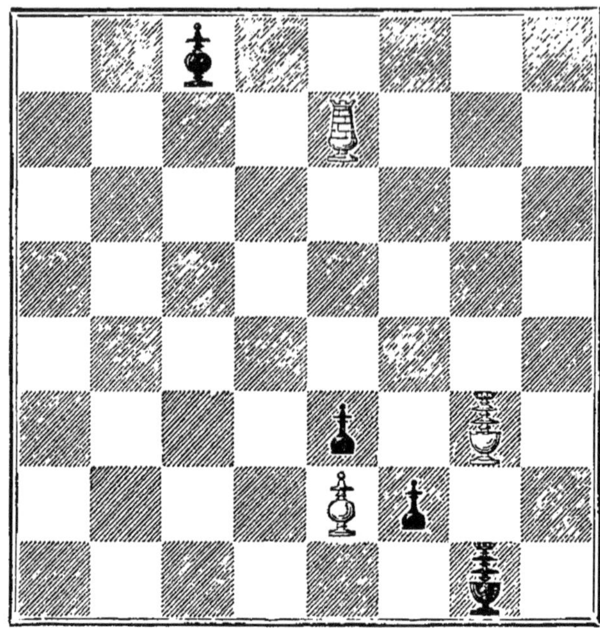

Les Blancs jouent et gagnent.

B.	N.
1 T. 7e F. D.	1 P. C. 2e D. (ou A.).
2 F. pr. D.	2 R. pr. F.
3 T. e. F. D. (Éch.)	3 R. joue.
4 T. pr. F. et gagne.	

(A)

B.	N.
	1 F. 6e T. R.
2 F. pr. F.	2 P. fait D.
3 F. pr. D.	3 R. pr. F.
4 R. 2e T. R.	4 P. 7e R.
5 T. 7e F. R. (Éch.)	5 R. 8e R.
6 R. 2e C. R.	6 R. 7e D.
7 T. 7e D. (Éch.)	7 R. 8e R.
8 T. 7e R.	8 R. 7e D.
9 R. 2e F. R. et gagne.	

Dans cet exemple, le plus grand soin est requis dans la manière de jouer, et c'est une de ces positions qui peuvent se présenter souvent en partie.

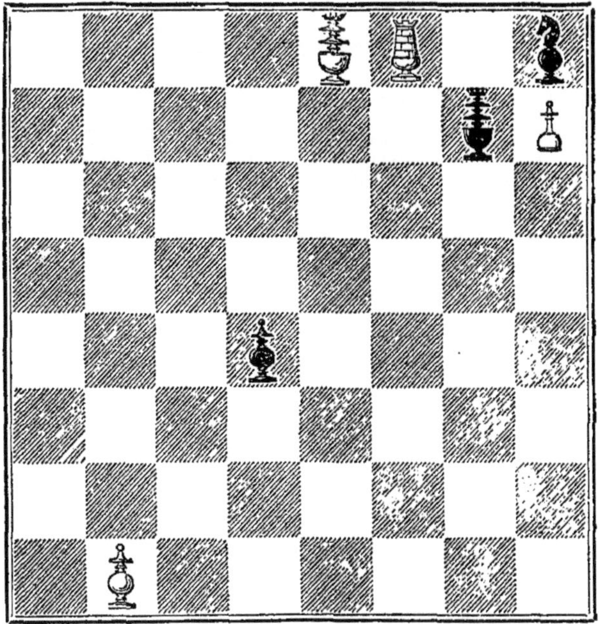

Les Blancs jouent et gagnent.

B.	**N.**
1 T. 8e C. R. (Éch.)	1 R. 3e T. R.
2 T. 4e C. R.	2 F. 4e F. D. (Meill.)
3 T. 4e F. D.	3 F. 6e T. D.
4 T. 4e T. D.	4 F. 4e F. D.
5 T. 5e T. D.	5 F. 5e C. D.
6 T. 5e C. D.	6 F. 6e T. D.
7 F. 2e F. D.	7 R. 2e C. R.
8 T. 5e C. R. (Éch.)	8 R. 3e T. R. Éch. (Meill.)
9 T. 8e C. R.	9 F. 7e C. D.
10 T. 3e C. R.	10 F. 4e R.
11 T. 3e R.	11 F. 5e R.
12 T. 3e T. R. (Éch.)	12 R. 2e C. R.
13 T. 3e C. R. (Éch.)	13 R. 3e T. R.
14 R. 8e F. R.	14 F. 4e R.
15 T. 3e R.	15 F. 5e D.
16 T. 6e R. (Éch.)	16 R. 4e C. R.
17 R. 8e C. R.	17 F. 7e C. D.
18 F. 4e T. D.	18 C. 3e C. R.
19 F. 8e R.	19 C. c. T. R.
20 T. 6e C. D.	20 F Ge F. D.
21 T. 5e C. D. (Éch.)	21 R. 5e F. R.

22	T. 7e C. D.	22	R. 4e C. R.
23	T. 7e C. R. (Éch.)	23	R. 3e T. R.
24	T. 7e F. D.	24	F. 5e D.
25	T 7e D.	25	F. 4e R.
26	T. 5e D. et gagne.		

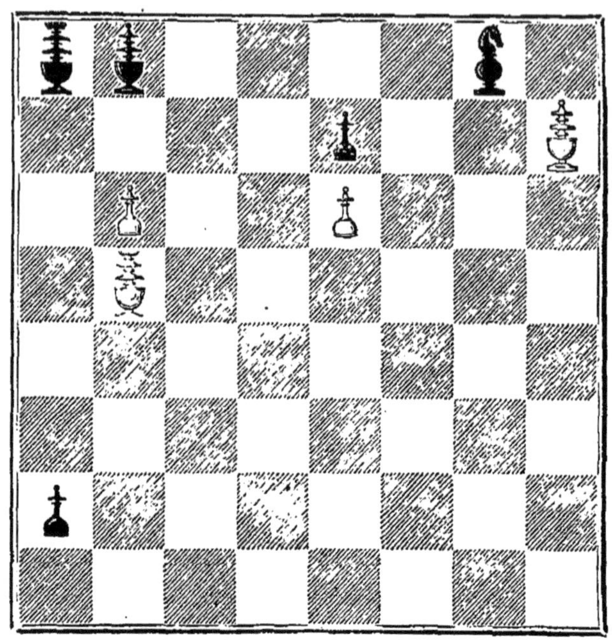

Les Blancs jouent et gagnent.

	B.		N.
1	D. 4e R. (Éch.)	1	D. 2e C. D.
2	D. 4e T. D. (Éch.)	2	Roi joue.
3	D. 4e F. R. (Éch.)	3	R. c. T. D.
4	D. 8e F. R. (Éch.)	4	D. c. C. D.
5	D. 3e F. R. (Éch.)	5	D. 2e C. D.
6	D. 3e T. D. (Éch.)	6	R. c. C. D.
7	D. 3e C. R. (Éch.)	7	R. c. T. D.
8	D. pr. C. (Éch.)	8	D. c. C. R.
9	D. 2e C. R. (Éch.)	9	D. 2e C. R.
10	D. pr. P. T. (Éch.)	10	R. c. C. D.
11	D. 2e T. R. (Éch.)	11	R. c. T. D.
12	D. 8e T. R. (Éch.)	12	D. c. C. D.
13	D. c. T. R. (Éch.)	13	R. 2e C. D.
14	D. 6e T. D.		

Mat.

La marche de la Reine est de la plus grande beauté; un seul

Echec faux pourrait, non-seulement amener la remise, mais faire perdre la partie aux Blancs.

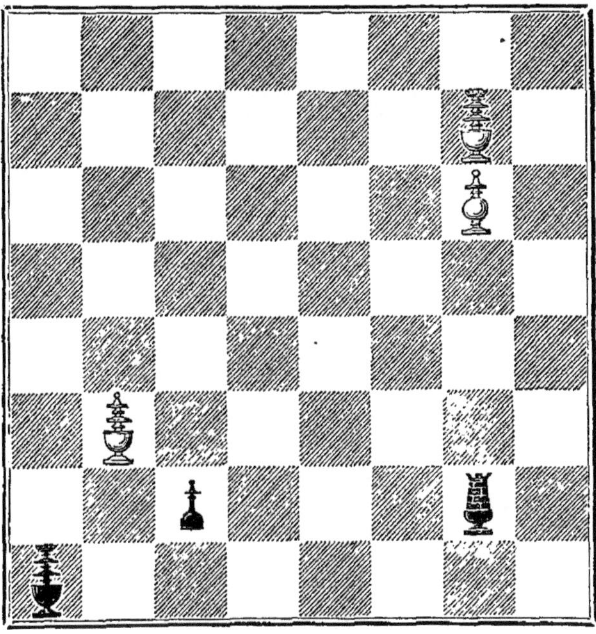

Les Blancs ont le trait et gagnent.

	B.		**N.**
1	D. 4e T. D. (Éch.)	1	R. 7e C. D.
2	D. 5e C. D. (Éch.)	2	R. 7e T. D.
3	D. 6e T. D. (Éch.)	3	R. 7e C. D.
4	D. 7e C. D. (Éch.)	4	R. 8e T. D. (ou A).
5	D. 8e T. D. (Éch.) et gagne.		

(A)

	B.		**N.**
		4	R. 6e F D.
5	D. 3e F. R. (Éch.)	5	R. 5e D.
6	D. c. F. R. et gagne.		

Ceci est une position très difficile et qui réclame, de la part des Blancs, le plus grand soin dans la manière de jouer pour gagner la partie.

FIN.

TABLE DES MATIÈRES

ORIGINE DU JEU DES ÉCHECS.

CHAPITRE Ier.

DESCRIPTION DE L'ÉCHIQUIER ET DE SES PIÈCES.

CHAPITRE II.

DES OUVERTURES.

LE FOU DU ROI AU 2e COUP.

LE GAMBIT DU ROI.

PARTIE DU PION DU FOU DE LA DAME.

OUVERTURES IRRÉGULIÈRES.

CHAPITRE III.

DES PARTIES A AVANTAGE.

CHAPITRE IV.

EXEMPLE DE TOUTES SORTES DE PARTIES A BUT ET A AVANTAGE.

CHAPITRE V.

DES FINS DE PARTIES.

CHAPITRE VI.

FIN DE LA TABLE.

Paris. — Imprimerie DUBUISSON et C°, rue Coq-Héron, 5.

www.ingramcontent.com/pod-product-compliance
Ingram Content Group UK Ltd.
Pitfield, Milton Keynes, MK11 3LW, UK
UKHW021113220726
13924UKWH00004B/1688